大都市制度の構想と課題

地方自治と大都市制度改革

真山 達志・牛山 久仁彦 編著

晃洋書房

は し が き

　今日の地方自治をめぐる多くの課題の中で，大都市をめぐってはさまざまな制度改革構想が提起されてきた．2013 年の第 25 次地方制度調査会答申は，深刻化する人口減少・少子高齢化の状況をふまえ，大都市のあり方について言及したが，それによれば，「人口減少下にあっても，経済を持続可能なものとし，人々が全国で安心して快適な暮らしを営んでいけるようにしていくためには，大都市等の果たすべき役割は，今後さらに増大するものと考えられる」とし，現行の大都市等に係る制度の見直しを提言している．

　折しも，大阪では基礎的自治体である大阪市を廃止して特別区を設置しようとする「大阪都構想」が登場し，2015 年と 2020 年の 2 回の住民投票で否決されるという事態となった．一方で，政令指定都市を中心に「特別自治市」についての議論も行われている．つまり，大都市制度のあり方が大きなイシューになっているのである．ただ，こうした改革は，住民生活に大きな影響を与えるものであり，大幅な制度改革については，科学的，理論的根拠に基づいて緻密な検討を加えて結論を出さないと禍根を残すことになる．ところが，少なくとも大阪での議論では後世に恥じない分析と検討がなされているとは言いがたく大都市制度を曖昧な根拠と不十分な検討で変えてしまう可能性が大きい．

　2000 年に分権一括法が施行され，地方分権改革が始動してから，はや 22 年が経過し，法制度上のさまざまな改革が実行に移されて久しい．しかし，その一方で，住民自治の改革が十分に進んだとはいえず，本当の意味での住民本位の改革になっているとはいえない面もある．住民が安心・安全，そして快適に暮らせる地域社会を作っていく責任が自治体行政に求められているが，そのための真の地方自治改革は進んでいるのであろうか．そのことが大都市にも問われているが，現在の大都市制度の改革構想は，その点においても大きな課題を背負っている．

　今日の日本の地域社会は，高度経済成長以来の過疎と過密，さらには東京一極集中と地方の衰退という現実に直面しており，大都市には，そうした状況を

解決するための役割が求められている。そうした二極化を、なお一層促進する制度改革では、国土の均衡ある発展や住民本位の自治体行政は実現できないであろう。

　同志社大学公共サービス政策センター（代表・真山達志）と明治大学自治体政策経営研究所（代表・牛山久仁彦）は、そうした問題意識から、大都市問題についての共同研究を行うこととし、まず大都市における公共サービスのあり方を中心に検討することが喫緊の課題であると判断した。また、東京都区制度や政令指定都市の現状分析、さらには、横浜市をはじめとして、指定都市市長会から提起されている「特別自治市」制度等を視野に入れた研究を進めてきた。

　本書はそれら調査研究の成果をふまえ、今日の課題となっている大都市制度改革をめぐり、地方自治の観点からそれについて問題提起をしようと試みたものである。本研究においては、両研究所に所属する若手の研究者を中心に活発な議論が行われ、また多くの現地調査を実施してきた。しかし、大阪における住民投票の結果による「都構想」の頓挫と再度の住民投票、大阪府知事・大阪市長の辞職や交代による状況の変化もあり、出版構想を最終的に進めることができなかった。さらに、2020年初頭から拡大した新型コロナ禍によって、調査や研究に大きな制限がかけられてしまったため、出版計画が2022年までずれこんでしまった。しかし、一方で、出版計画が遅れたことで、指定都市市長会が提起する「特別自治市」の案が明らかとなり、大都市制度の構想として検討することも可能となった。

　その意味では、本書において、政令指定都市や都区制度の改革構想について、幅広く検討することができた。一方、「都構想」の検討というところから始まったこともあり、都区制度が抱える課題についても、具体的な政策課題からアプローチしている点も本書の特徴である。こうした点をふまえ、本書は、大都市制度をめぐる議論に加え、そこにおける政策のあり方についての関心も喚起することを企図しており、自治体現場のみなさん、地方自治を学ぶみなさん、地域住民のみなさんに幅広く手に取っていただきたいと考えている。

　2022年3月

真山　達志

牛山　久仁彦

目　　次

序　章
大都市制度を検討する意義

第 1 節　イシューとしての大都市制度

　"都会"と"いなか"という対比をしばしば目にする．かつては，便利で快適な都会生活が発展と成長の象徴のように考えられることが多かった．今日では，価値観やライフスタイルが多様化しているため，ゆとりや癒やしに溢れた"いなか"生活を求める人も少なくないようである．とりわけ，ここ 2 年ほどは新型コロナウイルスの影響もあり，リモート勤務やオンライン会議が増えたことから，仕事の場に制約されることなく，住まいを"いなか"に求めることが可能となった．とはいえ，東京を中心に大都市部に人口が集中している状況が解消しつつあるわけではない．全国で各地域の中心的都市への人口集中の解消は容易ではなく，特に東京については，少しくらいの人口減少では一極集中に伴う諸問題を解決できる状況ではない．

　大都市の典型であり筆頭であると言って良い東京は，「都制」という特別な制度を採っている．その都制は，誕生時から現在に至るまで色々な問題を抱え，改編の歴史を積み重ねてきたのであるが，一般の人の関心を集めるほど大きな話題になることもなかった．ところが，2007 年にタレントから政治家に転身した橋下徹が，2010 年に「大阪市役所をぶっ潰す」ために「大阪都構想」なるものをぶち上げて以来，「都」に対する関心が高まった．同時に，政令指定都市の大阪市を廃止しようというのであるから，そもそも政令指定都市制度とは何か，どこにどのような問題を抱えているのかという論点も日の目を見ることになった．その意味では，大都市制度の議論に対する注目を生み出したとい

う貢献はあったのかも知れない．しかし，都制には，市の中で最も権限の大き
な政令指定都市を廃止してまで実現しようとするほどの価値があるのかという
疑問が湧いてくる．あるいは，道府県と政令指定都市制度の間の問題点を，単
純に「二重行政」の存在という曖昧な捉え方だけで議論して良いのかという疑
問も生まれる．そして，「大阪都構想」の最大の特徴が，大都市制度を変える
と地域経済や地域社会が活性化するかのような前提があり，経済効果が強調さ
れたことであったが，その反作用として，大都市制度と地方分権や地方自治の
関係についての検討や議論が蔑ろにされてしまったことは大問題である．

　東京都は首都として繁栄しているし，政令指定都市は地域の中心になってい
る．東京一極集中を是正する必要があることが唱えられているにもかかわらず，
今なお東京とその周辺に人・モノ・カネ・情報の全てが集中し続けている．北
海道から九州まで，各地域で政令指定都市への集中現象が見られる．しかし，
東京都制や政令指定都市制度という大都市制度がそのような繁栄をもたらして
いるとは考え難い．

　そこで本書は，大都市制度の現状や課題について，今一度，冷静かつ学術的
に検討することを目指している．それによって，大都市におけるガバナンスの
あり方や，公共サービス供給の体制について考える素材を提供したいと考えて
いる．

第2節　大都市の「制度」

　大都市という言葉は，日常的に使われるが，明確で誰もが納得している共通
の定義があるわけではない．『広辞苑』（第7版）によれば，大都市とは「人口
多く商工業・経済・文化・政治などの中心となる都市」である．もっともな定
義であるが，抽象的であるため，いかようにも理解可能である．一方，法的に
は地方自治法が第12章第1節に「大都市の特例」を設けており，ここで特例
の対象になる「大都市」は具体的には政令指定都市を指している．したがって，
一般的には政令指定都市を大都市と捉えるのが最大公約数的な理解ということ
になる[1]．もっとも，法律上の政令指定都市の指定要件は，人口50万人以上と
いうことくらいで，後は政令に委任されているため，実質的要件が時代ととも

に変化している．その結果，大都市の定義は揺らいでいると言わざるを得ない．現在のところは，人口 80 万人程度で将来的に 100 万人を超えることが見込まれる都市が想定されているようである．最も新しく政令指定都市に移行した熊本市に適用されていた判断基準は以下のようなものだと推察されている[3]．

- ・第一次産業就業者比率が 10% 以下であること
- ・都市的形態，機能を備えていること
- ・移譲事務処理能力を備えていること
- ・行政区の設置，区の事務処理をする体制が整っていること
- ・政令指定都市移行に関して県と市の意見が一致していること

　このように，一般に大都市とされるのは東京 23 区と 20 の政令指定都市ということになるが，政令指定都市の規模や要件は総務省によって決められているので，結局のところは総務省の考え方次第で大都市の実質的な定義が変わってしまうことになる．しかし，本書の目的は，とりあえず大都市制度として現に存在する東京都制と政令指定都市制度を中心に検討することにあるため，これ以上踏み込んだ検討は機会を改めて行うことにする．

第 3 節　「都制」はモデルになるのか

（1）制度としての東京

　第二次世界大戦（太平洋戦争）の最中，ガダルカナル島の敗退により戦況悪化が決定的になってきた 1943 年 7 月 1 日に，それまでの東京府と東京市を廃止し，東京都が誕生した．その時の新聞に紹介されている内務大臣訓令には，「東京都制制定の趣旨とするところは帝都の国家的と意義重要性とに鑑みこれに適応する確乎たる体制を確立し，新機構のもと帝都一般行政の一元的にして強力なる運営を期すると共にこれが根本的刷新と高度の効率化とを図り以て時運の進展と国家の要請とに即応し帝都行政の画期的なる振作更張を期せんとするにあり[4]」とある．戦争遂行を目的に，首都である東京を国家目的のもとに集権的に管理しようとしていることが明白である．実際，特別区部に住む人たちにとっては，明確な基礎自治体が存在しなくなっていた．戦時中の軍国主義と

全体主義の下で，民主主義や地方自治についての認識がほとんどなかったからこそ成り立っていたといっても過言ではない．「都」は，その誕生の時点で「戦争」と「集権」というおぞましいキーワードに色塗られていたのである．

　戦後復興とその後の高度経済成長の時代に，東京には人・モノ・カネ・情報が集中し，経済的豊かさ，高層ビルや都市高速道路などに象徴される都会らしさ，流行やエンタテインメントの最先端を象徴するのが東京となった．その結果，戦中のネガティブな「都」のイメージはどこかに忘れ去られ，むしろ憧れの的になった．「都会人」の象徴として「都民」とか「区民」という呼び名が好まれ，「埼玉県人」や「千葉県人」があたかも田舎者と見なされた．むしろ，埼玉県や千葉県に住む人が，生活圏や気持ちの面で「埼玉都民」「千葉都民」と呼ばれることがあるが，当事者はそれをさして恥じることもない．そして，このような発想は日本中に広がり，全国各地に「ミニ東京」と言われる地方都市が誕生した．もちろん，人々が「都制」に憧れを持つはずがなく，あくまでも都市としての東京に憧れがあったのだが，憧れの都市の東京が「都」という名称であることから，「都」に特別なプラス価値が与えられ良いイメージが長らく続いてきた．

（2）地域としての東京

　たしかに，東京都には上場企業の 50.8％が本社（本店）を置いており，2 位の大阪はわずか 11.2％に過ぎない[5]．その結果，日本の富も東京に集中している．例えば，県内総生産（名目）では東京都が 107 兆円を超えるのに対して，2 位の愛知県は 41 兆円弱にとどまり，まさに桁違いである（表 1 参照）．県民所得，1 人当たり県民所得のいずれをとっても東京都はトップで，2 位以下を大きく引き離している（表 2，表 3 参照）．東京都民全てが豊かというわけではなく，大きな格差が存在することを忘れてはならないが，地域全体の経済力や富の集中では東京都が突出している．この状況は，日本全体の社会・経済構造に起因しているものであり，東京が他の道府県と異なる制度を採っていることは全く関係ない．例えば，東京都に本社を置く企業数は 1981 年から 2017 年まで一貫して減少傾向にあるものの[6]，東京圏（1 都 3 県）で見ると 2011 年から 8 年連続で増加している[7]．「都」であることが重要であるより，首都東京の諸機

表1　県内総生産（名目）（2018年）（単位：百万円）

1	東京都	107,041,763
2	愛知県	40,937,229
3	大阪府	40,195,600
4	神奈川県	35,717,069
5	埼玉県	23,254,133
6	兵庫県	21,177,777
7	千葉県	21,074,667
8	福岡県	19,808,023
9	北海道	19,652,846
10	静岡県	17,462,055

表2　県民所得（実質）（2018年）（単位：百万円）

1	東京都	74,844,516
2	神奈川県	29,987,547
3	大阪府	28,108,869
4	愛知県	28,095,688
5	埼玉県	22,332,742
6	千葉県	19,488,246
7	兵庫県	16,276,250
8	福岡県	14,735,898
9	北海道	14,494,692
10	静岡県	12,556,897

表3　1人当たり県民所得（2018年）（単位：千円）

1	東京都	5,415
2	愛知県	3,728
3	栃木県	3,479
4	静岡県	3,432
5	富山県	3,398
6	茨城県	3,327
7	滋賀県	3,318
8	群馬県	3,283
9	福井県	3,280
10	神奈川県	3,268

（出所）表1〜3いずれも「県民経済計算（平成18年度−平成30年度）」（内閣府経済社会総合研究所国民経済計算部）より筆者作成（https://www.esri.cao.go.jp/jp/sna/data/data_list/kenmin/files/contents/main_2018.html, 2021年10月28日閲覧）.

能に直結していることが重要であることを示している．要するに地方制度としての「都制」が魅力や都市の活力を生み出しているのではなく，首都であり人・モノ・カネ・情報が集中する大都市「東京」そのものの力が大きいのである．結果的に東京一極集中はとどまることを知らず，少なくとも新型コロナウイルスの影響が出るまでは東京圏の人口が増加傾向にあった.

　しかし，この20〜30年間に人々の価値観が変わり，東京のような大都市より，自然豊かでゆとりがある地方（いなか）の方が魅力的であると思う人も少しずつ増えているとも言われている．一時期はたしかに増加しているが，ここ最近は足踏み状態とも言える（表4参照）．とはいえ，新型コロナウイルスの影響でリモート勤務やオンラインでの仕事が増えたことや，密集が感染症拡大にとって決定的に問題であることが認識されたことにより，地方（いなか）指向が加速される可能性もある．大都市の姿，そして大都市における望ましい制度のあり方を議論するときには，このような社会における価値観の変化も視野に入れることが必要であろう．東京に人気があるから東京の真似をする，東京のようになるという時代ではない．第2の東京を造るという発想は，時代遅れの陳腐なものと言えよう．そして，大都市制度は地域の経済発展の原動力となっているわけではないだけでなく，経済発展のために人々の暮らしを支える自治制度を変えてしまうことには注意が必要である．「都制」は，地域の発展のた

表4　内閣府の世論調査における「農山漁村地域への移住願望」に関する問に対する回答の推移

	2005 年 11 月 (N = 975)	2014 年 6 月 (N = 1,147)	2021 年 6 月 (N = 1,036)
ある	8.9%	8.8%	5.7%
どちらかというとある	11.7%	22.8%	20.9%
どちらかというとない	13.9%	29.6%	39.1%
ない	62.1%	35.7%	33.5%

（出所）　内閣府「都市と農山漁村の共生・対流に関する世論調査（平成 17 年 11 月）」(https://survey.gov-online.go.jp/h17/h17-city/3_chosahyo.html，2020 年 9 月 18 日閲覧)，内閣府「農山漁村に関する世論調査（平成 26 年 6 月）」(https://survey.gov-online.go.jp/h26/h26-nousan/3_chosahyo.html，2020 年 9 月 18 日閲覧)ならびに内閣府「農山漁村に関する世論調査（令和 3 年 9 月）」(https://survey.gov-online.go.jp/r03/r03-nousan/index.html，2021 年 10 月 28 日閲覧)を基に筆者作成．「どちらともいえない」「無回答」を除いているため合計は 100%にならない．

めに目指すべき理想像というわけではない．

第4節　制度「改革」先行議論の危うさ

　そもそも，「制度」そのものに利害関係や興味を持つのは，政治・行政に関わる者や研究者くらいのものである．自治体の政治・行政の実務に関わる者は，それぞれの地域の自治を強化してより多くの権限や財源を確保しようとするものである．ことさら自治権を放棄ないし縮小するということは普通ではない．行政や地方自治を研究したり勉強したりする者は，多くは純粋に学術的関心から制度を研究するから，どのような制度になるかには直接的な利害関係はないが，一般的には地方自治を強化，拡充することを主張することが目立つ．そして，東京都，とりわけ特別区という制度については，その生い立ちからして，およそ地方自治的ではないということを知っているので，都制とは根本的に異なる制度を模索したり，特別区を何とか基礎自治体に近づけるにはどうすれば良いかを検討したりする努力が繰り広げられてきたのである．

　東京 23 区内の住民，政治家・行政実務家，あるいは多くの研究者の努力によって，1998 年の地方自治法改正で，特別区はようやく「基礎的な地方公共団体」に位置づけられるに至った．首都を国家的観点から集権的に管理統制するには都合の良い都制を，少しでも自治制度として望ましい仕組み変えようとする努力がある程度実を結んだのである．しかし，それでも市町村や都道府県

のような普通地方公共団体ではなく，特別地方公共団体たる位置づけは続いている．大都市行政を行うために府県なみの権限を与えられている政令指定都市20市の人口と，特別区最大の世田谷区の人口を並べてみると，世田谷区は17位に位置づけられる規模であるのだが，一般市以下の地方公共団体なのである．

　このように，東京は都市としては大いに発展してきたが，地方制度としての都制は，誕生以来，問題を孕んでおり，現在でも改善，改革の余地が多々ある．現行の地方制度の中では，東京都区部以外の全ての地域に存在する基礎自治体を東京都区部においても実現することを目指して，「東京都をぶっ潰す」というのなら理解できなくもないが，「大阪都構想」では，わざわざ基礎自治体をなくそう，しかもあろうことか問題が多い都制をモデルにしようというのであるから，違和感を禁じ得ない．そして，大都市制度を経済的発展にのみ結びつけて論じ，地方自治や住民自治の視点，住民に対する公共サービス提供の体制の視点などから展開されてきたこれまでの都制に関する議論を等閑に付すような議論は厳に慎まなければならない．

　大都市はさまざまな問題を抱えている．古くは過密や混雑，住宅難，大気汚染，あるいは公共サービスが人口の増加に対応しきれないといったことなどが典型的な大都市問題であった．しかし，今日では東京圏などの一部を除いて，大都市であっても少子高齢化，将来的な人口減少，地域経済の弱体化などが深刻な問題となっている．そのような中，かつては東京に次いで日本第2の大都市であった大阪市は，企業の市外への流出，人口減少などにより，いわゆる地盤沈下が起こっている．今や政令指定都市中で，人口では横浜市に抜かれ第2位であり，第3位の名古屋市とは僅差である．人口が多いことやさまざまな経済指標によるランキングが上位であることが，本当に住みやすいまち，魅力のあるまちなのかは大いに疑問があるが，人々の中にランキングが下がることに対する敗北感や悔しさがあることも否定できない．昨今は，このような漠然とした意識や感情を利用して大都市制度の検討を急いでいるかのように見える．

　一方で，「大阪都構想」に刺激を受けたのか，近年，政令指定都市制度のあり方を検討することに注目が集まりつつある．後の章で紹介されるように，指定都市市長会を中心に「特別自治市」の議論が盛んになっている．もっとも，こちらは「大阪都構想」とは違って，突然降って沸いた議論ではなく，1947

年から 1956 年まで地方自治法に規定されていた「特別市」をベースにしている．また，「大阪都構想」が大阪市を廃止する提案であるのに対して，「特別自治市」は政令指定都市が道府県から分離独立する提案であるので，真逆の解決策を模索している．そのため，道府県の立場からすれば看過できない制度である．実際，「特別自治市」に熱心な横浜市と，横浜市を抱える神奈川県の綱引きが強まっているようだ．いうまでもないが，「都構想」を推進した大阪市は「特別自治市」には組みするわけにはいかない．

　いずれにしても，大都市制度の検討が，利害得失だけで議論されたり，政治の道具にされたりすることは後世に禍根を残すことになる．しっかりとした実態分析と，冷静かつ理論的な検討が必要である．

第 5 節　大都市制度の検討

　現行の大都市制度が完全無欠ではないことには論を俟たない．したがって，新たな制度のあり方を検討すること自体は望ましい．しかし，政治的思惑や政治家のパフォーマンスに引きずられた議論は避けるべきである．そこで，大都市制度について検討する場合には，少なくとも以下の 4 点を押さえておく必要があるだろう．

　まず第 1 に，そもそも現状のどこにどのような問題が存在するのかを明確にすることが必要である．問題が明確にならないまま新たな制度や仕組みを導入すると，問題解決にならないどころか新たな問題を引き起こす恐れがある．問題の認識が曖昧で抽象的であると，的確な対応策・改善策を検討するのは不可能である．「改革」とか「改正」という言葉を使うと，何か今より良くなるような錯覚が生まれがちだが，問題が明確でそれを解決できる取組であってこそ，初めて「改革」や「改正」の名に値する．

　近年，政策決定において明確なエビデンスに基づくことを重視しようとする EBPM（Evidence Based Policy-making）が注目されている．EBPM は，統計や数値データに基づいて政策決定をすれば良いかのように矮小化されがちである．しかし，そこで求められるエビデンスは，さまざまな政策選択肢（解決手段）の中のどれが最もコストパフォーマンスに優れるかということだけではなく，

それぞれの政策選択肢を採用した場合にどれだけ問題解決ができるかを明確な
データと根拠によって比較検討することが求められている．それゆえ，政策に
よって解決すべき問題が何かをデータや証拠によって明らかにすることも重要
であろう．抽象的で感覚的な問題の設定しかなされていないなら，政策選択肢
を金と手間暇をかけて分析したところで，真のEBPMからはほど遠い前時代
的な議論になる．間違った問に対する正解を「科学的・合理的」に探し求めて
も意味がないのである．

　第2に，住みやすく魅力あるまちを創る仕組みという場合，それは法令に
よって定められる「制度」だけを指すものではないことに留意しなければなら
ない．住民の暮らしや自治活動などのコミュニティの実情を明らかに，「制度」
がその実情に整合していなければならないのである．ここでは学術研究におけ
る「新制度論」を展開するつもりはないが，[8] 制度は人々の行動や考え方に大き
な影響を与えることがある反面で，人々の行動や考え方によって制度が形作ら
れる面もあることを認識しておくことは重要である．制度が変われば人の行動
や考え方が変わることを強調するのは，人々を制度に従わせるという発想が背
景にあり，きわめて権力的である．言わばトップダウン・アプローチといえよ
う．それに対して，人々は自らの活動にとって最適な仕組みを模索し，徐々に
形作られてきた仕組みを安定化させ，明示化させるために公式な制度としてい
くという考え方も存在する．これはボトムアップ・アプローチということにな
ろう．地方制度を検討する場合，住民自治の原則に立つのであれば，原則とし
てはボトムアップ・アプローチを基本とすべきである．もちろん，今日では既
に地方制度が詳細にわたって定められているので，ゼロから設計し直して新し
い制度に変えてしまうことは困難である．このような状況でボトムアップ・ア
プローチを採るとすれば，現行制度が住民の日常生活や経済活動，そして住民
自治にとってどこがどう問題なのかの緻密な分析・検討と，さまざまな立場か
らの議論が必要になる．そのような分析や議論を抜きにいきなり制度を変えて
みるというのは，権力者的発想の悪しきトップダウン・アプローチになる恐れ
がある．大都市といえども，その自治体は住民にとっての基礎自治体であるこ
とを見落としてはならない．

　第3に，上に述べたことに密接に関連するが，もし制度を変える必要がある

としても，初めから結論ありきではなく，これまでの実態的，学術的知見を参考に，さまざまな制度を検討対象にするべきである．都市の発展にとって，住民自治は邪魔なものだと考えるのなら別だが，大都市といえどもそこに住む人々こそが主人公で，地域のあり方や公共サービスの進め方を住民自ら主体的に決めていくことが大切だと考えるのであれば，既存の制度に捕らわれない選択肢も検討の対象とするのが良いだろう．少なくとも，未だに不完全な自治体である特別区を抱えた都制は，改革，改善の対象ではあるが，およそモデルにはならない．一方で，現行制度も選択肢の1つであるのはいうまでもないから，「変えること」自体を目的化することは避けなければならない．

　そして第4に，大都市制度を変えることは，道府県と政令指定都市制度の関係を根本的に変更することになる可能性が大きいことから，自治体間関係の見直し，あるいは二層制を基本としている現在の地方制度の見直しという大きな問題を含むことを忘れてはならない．それゆえ，新たな大都市制度を「できるところ」や「やろうと思うところ」だけで実現するのか，全国共通の制度とするのかの検討と議論も必要になる．この点に関しては，現状では，善し悪しはともかく東京都以外は基本的に同じ制度を全国一律に適用しているが，これを放棄する可能性があるという点も踏まえて検討しておく必要が出てくるだろう．

第6節　冷静かつ科学的・合理的な検討のために

　日本の地方制度の歴史的展開を振り返ると，1889（明治22）年に市制町村制が施行され，大阪，京都，東京の3都市が生まれた．しかし，各府知事が市長を兼務しており，国家統制の強い都市であった．1898（明治31）年にこの特例的な扱いが廃止され，それ以降，まちをいかに発展させるか，魅力ある都市にするかという努力が続けられ，それぞれが大都市として独自の成長，発展を遂げたのである．特に大阪市は，関東大震災直後には，当時の東京市を抜いて日本一の大都市になり，いわゆる「大大阪」が登場した時期もあった．しかし，第二次世界大戦中，そして戦後の復興，高度経済成長期を通じて，大阪の社会的，経済的な地盤沈下が続いた．大都市の中で，凋落が目立つ大阪はとりわけ危機感が強いと言えよう．その大阪を経済的に活性化させること自体は結構な

ことであるが，その方法として先人が涙ぐましい努力で育て上げてきた大阪市を廃止するという案が登場したことに愕然としたのが 2010 年であった．しかも，大阪市を廃止した上で，問題の多い東京都制を模した「大阪都」という案であることに二重の驚きを持った．そもそも，何が問題なのかもよく分からない中で，地方制度を変えたら解決できるという短絡的な発想に疑問を持つが，よりによって歴史と伝統があり，市民にとっての基礎自治体である大阪市を廃止する，挙げ句の果てには「都制」を引くという話に，多くの行政学者や地方自治研究者が同じような驚きを覚えたのではないだろうか．

　「大阪都構想」を打ち出した人たちはともかく，この構想で大阪が今より良くなるのではないかという期待を持った人たちの中に，その「モデル」になっている東京都制の歴史的経緯，現状の問題点などについて十分な理解があるのだろうか．本章でも述べたように都市としての東京に活力と魅力があるので，東京に倣えば大阪も良くなるのではないかという，漠然とした期待があるのではないか．しかし，仮に基本的な地方制度を変えると，その決定に関わった人だけでなく，将来の世代にまで影響を与えることになるので，漠然としたムードだけで結論を出すのは無責任である．「大阪都構想」は住民投票によって 2 度にわたって否決されたので，とりあえず現在の政令指定都市としての大阪市は維持されることになった．ところが，大都市制度のあり方を十分に検討することもなく，「広域一元化条例」によって，大阪市域における大都市行政の新たな仕組みを作ってしまった．さらには「総合区」を導入する動きもある．このような動きをただ傍観するしかないとすれば，地方自治や地方行政を研究する者としては恥ずべきことである．

　もちろん，大阪の動きにだけ目を奪われているわけにはいかない．「特別自治市」構想が検討されていることを含めて，どのような大都市制度が求められるのかを慎重に検討しなければならないのである．大都市制度は，道府県と政令指定都市との関係が問題になるため，二層制を基本とする日本の地方制度そのもののあり方についての議論になる．その意味で，研究者の役割は，大都市制度を検討し，構想するに際して，政治・行政の実務家に対しては元より，大都市住民に対して必要かつ有用な知見を提供することだろう．

　本書の筆者たちは，行政学，地方自治論等を専門とする研究者であり，政治

的な運動や活動には関わっているわけではない．したがって，東京都制や政令
指定都市制度の現状や課題，あるいは大都市制度についての昨今の議論につい
ての分析・検討を主眼としている．そして，現在及び将来にわたって検討が進
められつつある大都市制度の議論が，冷静かつ科学的・合理的に進められるこ
とを期待している．

注

1）大都市ではなく単に「都市」とすると，話はもっと複雑になるが，本書では「大都市
　制度」に焦点を合わせている関係上，とりあえず大都市についてのみ検討しておく．な
　お，自治法上は指定都市以外に，中核市が比較的大きな都市として位置づけられている
　が，本書の検討の中心は指定都市である．詳しくは第 1 章を参照.

2）「大規模な市町村合併が行われ，かつ，合併関係市町村及び関係都道府県の要望があ
　る場合には，政令指定都市の弾力的な指定を検討する」（「市町村合併支援プラン」平成
　13 年 8 月 30 日市町村合併支援本部決定　首相官邸 HP　https://www.kantei.go.jp/jp/
　singi/sityouson/dai3/830plan.html，2021 年 10 月 7 日閲覧）とされ，静岡市のように実
　質的には 70 万人程度でも指定された.

3）熊本県 HP「政令指定都市の指定要件」（https://www.pref.kumamoto.jp/uploaded/at-
　tachment/22449.pdf，2021 年 10 月 7 日閲覧）.

4）『朝日新聞』1943 年 7 月 1 日朝刊（朝日新聞社聞蔵Ⅱビジュアル）．なお，原文では
　旧漢字が使用されているが，常用漢字に置き換えている.

5）上場企業サーチ「日本の各都道府県の株式会社数と上場会社数」（https:// 上場企業
　サーチ.com/analyses/number_of_companies，2021 年 10 月 28 日閲覧）.

6）帝国データバンク「東京都・本社移転企業調査（2017 年）」（https://www.tdb.co.jp/
　report/watching/press/pdf/s180401_98.pdf，2021 年 10 月 28 日閲覧）.

7）帝国データバンク「1 都 3 県・本社移転企業調査（2018 年）」（https://www.tdb.co.
　jp/report/watching/press/pdf/p190303.pdf，2021 月 10 年 28 日閲覧）.

8）新制度論などで考えられている「制度」は，社会構造やルールといったものも含まれ
　る広い概念であるが，ここでいう「制度」は，都制とか政令指定都市というような法令
　によって決められた組織の編成・体系や権限・財源の配分などの狭義の「制度」である.

（真山　達志）

第Ⅰ部　大都市の諸課題

第*1*章

日本における大都市制度改革とその課題
――普遍主義・総合主義バイアスをめぐって――

第1節　大都市制度をめぐる論点

　大都市制度には，その定義が一筋縄に行かないほど実は多様な仕組みがある．世界の各国それぞれの中央地方関係の歴史を背景に独特の大都市制度が作られてきた．土岐[2009]は大都市制度を類型化しているのでそれをまずは見ておきたい．第1に，大都市の州や県と同格の権限を付与して，州・県行政の競合と国・州（県）による二重監督を廃して自立性を高めるタイプである．ドイツのベルリン，オーストリアのウィーン，韓国の釜山，仁川などが該当する．広域自治市という名称が使われることもある．第2に，政府直轄市である．首都に多いケースで，ワシントン（コロンビア特別区），キャンベラ（オーストラリア首都準州）などである．第3には，州・県の区域内に大都市を包含し，両者の事務配分，権限配分調整を行う特例方式である．日本（特に指定都市制度や中核市制度）がこれに該当する．また，一種独特な仕組みとして東京都と特別区（都区制度）がある．

　何をどこまで大都市制度とするかは難しい．本章はひとまず日本の制度を議論対象とするため，地方自治法上の指定都市などの「大都市に関する特例」と「特別区（都区制度）」を大都市制度としておこう[大杉2011]．いずれも特徴は大きく異なるが，大都市部特有の事情に応じた特別の自治制度である．「大都市に関する特例」は，本章は指定都市だけを取り扱う．

　第2節に後述するが，日本の地方制度は「一般性と総合性」（ここでは「普遍主義」と「総合主義」と呼ぶ）に特徴づけられる．この普遍主義に基づく地方制度

は，自治体ごとに異なる制度を設けたり，地域特性によって制度運用に差を設けたりすることを基本的に許容しない．あくまで総合性（＝総合主義）を持つ広域自治体と基礎自治体の二層制を原則とする（＝普遍主義）わけである．つまり，普遍主義的制度設計の元では，大都市独自に適用される制度は原則認められないということになる．翻って，もし大都市自治制度を改良・強化しようとすれば，現行の普遍主義と総合主義を克服した先にしかそれはありえない．

　本章では，日本の地方自治制度の根源的な特色とも言える「普遍主義」と「総合主義」の内容を確認しつつ，国・都道府県・都市自治体それぞれが，大都市制度設計を構想するにおいて普遍主義と総合主義をどう捉えているかを検討してみたい．あくまで，現時点で制度改編に影響力を持つアクターがいかなるアイデアを抱いているかが重要である．アクター間でいかなる対立図式があり，その奥底にある原因を考究することを通じて，日本の大都市制度が将来どうなりそうか，またどこに行き着くべきかという展望を見通せることだろう．

第2節　自治制度設計思想としての「普遍主義」・「総合主義」

（1）普遍主義と総合主義

　日本の自治制度は，外形的制度論理として強い一般性と総合性を兼ね備えているということが法制度上の基本原則とされてきた［新藤 2002］．新藤によれば，明治期以来の中央主導体制が戦前と戦後を通じてそのまま残っていることが理由だという．「霞ヶ関省庁のかかえる事務・事業の『現場事務所』として自治体を位置づけるかぎり，自治体政治行政組織は一般性と総合性を基軸として構成された方が，意思伝達にとって効率がよい」のであり，自治体組織は「一般目的の総合的地方政府たらねばならない」という共通了解が支配的であった［新藤 2002: 3 -4］．一般性（普遍主義）とは「自治制度を一般的に全自治体に適用できるように構築しようとする傾向性」である．総合性（総合主義）は「国と自治体を相互に連関させて自治制度を構築するという融合性と，自治体レベルで各種の行政分野を可能な限り広く包括しようとする統合性とを，合わせたもの」［金井 2007: 7 -8］をいう．

　この両者は実際の地方制度に強く反映されている．第1に，地方制度を定め

る法律（地方自治法）が単一法典であることがまず挙げられる．そこでは「普通地方公共団体」である都道府県と市町村の二層制を前提とする．特別区については区分上「特別地方公共団体」とされているが，市町村とともに「基礎的な地方公共団体」に位置付けられる．したがって，都（東京都）―特別区関係と都―市町村関係また道府県―市町村関係とは一定に相違点があるものの，概ね，広域自治体として都道府県があり，それらに包括される基礎自治体として市区町村があるという状況が生み出されていると理解できる．第2に，同法では，地方公共団体（自治体）は，「地域における行政を自主的かつ総合的に実施する役割を広く担う」とされ，いわば普遍的に自治体は「総合行政主体」でなくてはならない．また，特定の地方だけに適用される「特別法」は憲法で規定されたが，制定過程に住民投票の手続きが課せられているように，容易にその地方それぞれに法的な制度をオーダーメイドすることはできないという点も指摘できる[金井 2007:196-198].

　総合性を持つ自治体が普遍的に二層存在するという形が日本の地方制度の大原則として国においても地方自治体においても認識されてきた．普遍主義や総合主義はもはや自治制度を所管する国の官庁のみならず，地方自治体も自らの組織維持・膨張の観点から自己言説としてそれを受容してきたという面もある[金井 2007:108].　普遍主義と総合主義は，歴史的に自治体自身の存在証明として理解されてきたとも言える[金井 2007:126-129].　言い換えれば，これらの設計思想は自治制度のアクターにおける認知のスキーム，ないしバイアスとして定着しているのではないだろうか．

（2）普遍主義・総合主義における大都市制度

　この普遍主義と総合主義は大都市制度をいかに特徴づけているか，ということが重要な問いである．金井は，自治制度に内在する普遍主義と総合主義は同居しつつも，常に合致するとは限らないとして，それらのせめぎ合いのもと，今の大都市制度が生まれてきたという[金井 2007:141-156].

　日本における地方制度の普遍主義は，複合的な局面を含みこむものだが，特に本論の議論からは，一般制度としての都道府県制という要素が重要だ．国の官庁はともかく，全国一斉型の普遍主義・総合主義都道府県制の堅持は，都道

府県自身の立場からは最重要の選択肢である．そうした普遍主義にとっては，いわゆる大都市に特例的に自治体を作り出す（＝都道府県の総合性を薄める）ことは大きな問題となるが，もし個々の大都市が強固な総合主義を主張したとすれば，制度設計側（国）の普遍主義との間，そして都道府県の総合主義との間で対立する関係ができてしまう．国が普遍主義を重視するなら，大都市の総合主義とは真っ向から対立するわけであり，また都道府県自身も先述の通り自己の存在証明として機能膨張を選好するとなれば，大都市の総合性との間の対決関係が往々にして生じる．

　結論から言えば，今日の大都市制度は，そうした対立構造を孕みつつ，総合主義を普遍主義の中に整序する形で設計されているのである．だからこそ，この普遍主義と総合主義に関係者たちがよって立つ限りでは，大都市制度はあくまで一般制度の中における例外処理でしかなくなるし，無限の膨張欲求（総合性）同士の衝突と妥協がかならず生じるから，いわゆる最終的な解決策は実現しにくく，問題が残存したままとなる[金井 2007:110-117]．

第3節　大都市制度の歴史，現況と諸課題

　本節では，現在の日本の大都市制度の歴史と現行の都区制度及び大都市特例制度（指定都市制度），そして課題についてその特徴を外観してみよう[2]．

（1）六大市特別市制運動
　明治以降から戦前期にかけて大都市を特例的に扱う制度はあった．顕著なものは，六大市（東京，大阪，名古屋，京都，神戸，横浜）の事務執行において府県知事の許認可に関する特例を認めた「六大都市行政監督に関する法律」（1922年）である[橋本 1995:121]．実は戦前期にも「大都市制度」は存在していた．

　大都市制度の歴史展開で振り返っておかなければならないのは，戦前から大都市が主張してきた「特別市制」である．特別市制とは，六大市が展開した大都市自治制度構想である．簡単に言えば，大都市自治体区域を都道府県から独立させて，一元的に行財政権限を特別市に集めるというものである[高木 1993]．この特別市実現に向けた運動が東京市から始められ，その他5市も運動に加

わった．しかし，1943 年の東京都制を契機に，特別市運動は一旦消滅してしまった．しかし，戦後になって五大市の運動が再開され特別市問題が再浮上することになった．結果，1947 年の地方自治法改正で特別市の立法化が実現したのである．ところが，当の五大市をかかえる府県は「特別市が府県を離れると残存部だけでは十分に自立が可能でない」という理由から反対姿勢を示して，結局特別市は実行に移されないまま，制度自体が廃止された［天川 2006:15-29]．結果的に特別市運動は，東京都制（戦後の都区制度）と指定都市制度に分かれて結実することになる．

（2）東京都制・都区制度

　都区制度は，広域自治体に基礎自治体の事務権限の一部を取り込んだ大都市制度である［吉田 1996]．歴史的には，東京市が東京府に併合された建付けであり，1943 年の都制施行により，東京市の機能は都に移行し，旧東京市域には複数の区が設置された．これは第二次大戦後も都区制度として継承された．1947 年の地方自治法施行によって都は普通地方公共団体として，区は特別地方公共団体（特別区）として再出発した．都と特別区の関係は，普通地方公共団体間の関係とかなり異なる．特別区は概ね一般の市と同様の機構と権能を有するものとして誕生したものの，課税権や人事権などで制度発足以降大きな制約を受けるものだった．もっとも顕著なことは，発足当初は戦後民主化の徹底から区長公選制が導入されたが，1952 年には区長公選制が廃止（都の内部団体化）された．こうした事情から，特別区はずっと自治権拡充運動を展開し，1974 年には公選区長制復活や特別区の人事権付与を実現させるなど，少しずつ特別区の自治権が認められるようになった．そして，2000 年には地方分権改革の中で，地方自治法改正によって，特別区が市町村と同様の「基礎的な地方公共団体」として位置づけられた．戦後のしばらくの間，いわゆる都が「基礎自治体」の要素を有していたわけだが，実質的に都と区の二層制が形成されたことになる．

　とはいえ，歴史的に都と区の関係は一種独特の部分がある．それが都区財政調整制度である．これは固定資産税，市町村民税法人分そして特別土地保有税を特別区でなく都が直接徴収し（通常は市町村の徴収），都が特別区間の財政格差

是正と都の大都市事務のための財源確保を行うものである．一体・統一性の確保という観点から，都は下水道，水道，消防事務，一定以上の都市計画決定などの通常市が担う事務を担っている．そのための元手として都が税収を求めるわけである．一方，この財政調整のあり方及び事務権限をめぐって 2000 年以降も特別区側は積み残しの課題があるとして，特別区の自治権拡充の主張が断続的に続けられている［特別区区長会 2021］．

（3）指定都市制度

　指定都市制度は，地方自治法では人口 50 万人以上の市のうち政令で定める市に対して，都道府県との間の事務配分特例を認める大都市制度である．指定基準は法律に明記されなかったことから，制度誕生以来，人口 100 万人以上等といった非公式な基準で運用されてきた．2000 年以降は「市町村合併支援プラン」の中で人口要件は 70 万人に緩和された［北村 2013:50-65］．

　都道府県が法律・政令に基づき処理するとされる事務のうち，政令で定めるものを指定都市が処理できるようになる．都道府県から指定都市に移譲される権限は，社会福祉，保健衛生，都市計画，建築など多岐にわたる．概ね，都道府県の 8 割ほどの権限移譲が可能となる［北村 2013:80-82］．この事務は地方自治法に定められたものもあるが，その他個別法で移譲が決められたものもある．

　指定都市は先述の特別市と異なり，都道府県と市町村の二層制の中で制度化されたものであり，都道府県の存在を前提としたものである．従って，指定都市はほぼ都道府県並みの権限を有すると言っても，都道府県に留保される権限は少なくない．それどころか，指定都市が徴収できる税は一般市と同じであり，指定都市が都道府県に代わって処理する事務に対する財源補償が十分でない状況が続いてきた［北村 2013:5 章］．大都市周辺の市町村から流入する人口が多い場合は，とりわけ指定都市の持ち出しが多くなることも指定都市を長年悩ませてきた問題である．

　現行の制度上，指定都市への「昇格」が可能なので，指定都市は一般都市にとってのステータスと認知されているようだ［北村 2013 : 10-12］．次々に指定都市が誕生している．1956 年に横浜，名古屋，京都，大阪，神戸が指定都市となったのち，1963 年に戦前からの都市合併が課題だった北九州，その後札幌，

川崎，福岡，広島，仙台，千葉，さいたま市とつづき，2000年中盤以降は平成の大合併の中で相模原，新潟，静岡，浜松，堺，岡山そして熊本が指定都市となった．その意味では，本来の大都市制度の意味が薄れてしまっているという面もある．

（4）諸課題

　ここで現行制度の課題について考えておこう．端的にいえば，これらの大都市制度は，広域自治体—基礎自治体の二層制のアイデアに基づいたものだった．つまり，あくまで現行の大都市制度が，「都道府県と大都市の間の事務再配分」の仕組みに矮小化されてきた局面に着目すべきである［新川1996］．指定都市制度はこの面にそもそも立脚した制度なのであり，都と区の関係も合わせて，大都市自治問題は二層の自治体間の権限分配と財源調整問題に収斂されてきた．

　重要なことは，普遍主義と総合主義に基づく制度設計思想からは，都道府県の権限を基準とするため，大都市制度自体「特例主義」的な「周辺領域」に位置づけられるに過ぎない［金井2007:155］．つまり，大都市制度問題が，大都市自治固有の論理の問題としてではなく，あくまで都道府県と大都市との間の均衡点を探る問題（ゼロサムの発想）となっていることによって，大都市制度に自治制度における重要な位置づけを与えることができないでいる［金井2007:155］．都道府県と大都市とがみんな一斉に総合性を確立しようとすれば，必然的に事務権限の取り合いとなる．後に見るように現在は，一層制をも議論対象となっているが，二層制維持にせよ一層制創出にせよ，仮にゼロサムゲームを続けるだけでは，単なる関係者の課題先送り型消耗戦に終わってしまう．結果，大都市制度は政治的妥協策でしかなくなる．金井が論じた通り，一般的自治体には存在しないような大都市固有の事務権限が検討されるようなポジティブサムゲームが可能となった時，大都市制度を自治制度の根幹として進展させていくことができるようになるかもしれない［金井2007:156］．

第 4 節　大都市制度構想と普遍主義・総合主義

（1）大都市制度をめぐる改革議論

　1990 年代以降の大都市制度の議論についてここで振り返っておこう．90 年代前半では例えば 1991 年の指定都市市長懇談会『市民の暮らしからみた明日の大都市』（明日都市懇）など活発な議論があったが，それ以後，90 年代後半の一連の地方分権改革においては，都市がその議論組上に登ることはあまりなく，従来の大都市特例以上の改革は実質的に登場しなかった［新川 2002］．

　しかし，地方分権改革以降，とりわけ平成の大合併が加速して，市町村再編の一方で都道府県再編の議論（道州制など）が浮上するに従って，さまざまに都市自治に対する議論が散見され，大都市制度のあり方が模索される状況が盛んになった．さて，本節ではこれらの諸議論を整理しつつ，日本の大都市制度の限界と可能性を探ってみたい．現実には，新しい大都市制度の将来設計はどうなるか全くわからない．なぜなら各々の関係者がそれぞれの立場から改革提案を主張し続けているからである．着地点はまだまだ見えない．どのような考え方に基づいて，いかなる改革提案が登場しているのか．以下では，第 1 に，全国的な議論として地方制度調査会の答申の内容を検討する．地方制度調査会は内閣総理大臣の諮問機関であり，この答申が法改正に大きな影響力を持つ．第 2 に，都道府県と大都市当事者間の議論である．本節は，大阪府・大阪市の議論，神奈川県・横浜市の議論，そして東京都・特別区の議論を検討する．これらは，大都市制度構想に関してそれぞれ異なる特徴を示しており，かつ最も鋭く明確に当事者間の態度が示された事例だからである．

（2）全国レベルの議論：地方制度調査会の議論展開

　最初に，地方制度調査会の議論を繙こう．大都市制度に言及したものとして，第 27 次と 28 次地方制度調査会，そして第 30 次地方制度調査会の議論を取り上げる．

　第 27 次地方制度調査会（2003 年）は，大都市特有の社会経済状況から，大都市に対するより一層の事務権限移譲を進める必要があるという原則に立ち，都

道府県から基礎自治体に対する権限移譲，指定都市や中核市などの権限強化を検討していくべきだと主張した．また，基礎自治体がそうした形で権能を拡大していくと，必然的に都道府県の役割は縮小するので，道州制の導入検討も提唱している．ここで想定する道州は自治体であり，地方制度としては都道府県の区域をこえる広域自治体としての道州と基礎自治体の二層制からなるものとした．そして続いて開催された第28次地方制度調査会（2006年）では，大都市制度の議論に大きな進展はみられない．ただ，道州についての答申があり「道州との関係において大都市圏域にふさわしい仕組み，事務配分の特例及びこれらに見合った税財政制度等を設けることが適当である」と触れている．ただ，この調査会で総務省から提出された資料は，一層制の「大都市州」の選択肢も考えられるとしながらも，「大都市を含む全ての市町村は道州に包括されることが原則と考えるべき」だと示し，この調査会の専門小委員会でも，道州・市町村二層制を基軸とした議論を行っている．この頃は，道州制に基づいた二層制とその元での大都市への権限移譲に議論の重きが置かれていた．

　その後，議論は大きく方向を変えていく．平成の大合併が落ち着いたのち，民主党への政権交代による道州制議論の後退，そして後述する自治体による新構想（大阪都構想や特別自治市）と改革機運の急激な高まりの中で，第30次地方制度調査会（2013年）が大都市制度に関して議論を展開した．この調査会の議論経過を見る限り，都道府県，指定都市は各々の主張を展開している．つまり，指定都市は都道府県からの独立を意味する「特別自治市」の設置を唱え，対して知事会側は，それに慎重論を展開し，現在の都道府県・指定都市間には大きな課題はないという現状維持を訴えた．結果として，本調査会の答申では，大きくは，基礎自治体を重視するという立場を明示しつつ，すでに動きが生じていた大都市地域特別区設置法に基づく道府県と特別区の事務分担・税源配分等や都区制度では特別区への事務移譲のあり方等についても触れながら，「特別市」に関しては，当面の改革メニューとして，指定都市への都道府県からの可能な限りの事務・税財源移譲推進が方策であるというものだった．特別市設置については今後の検討として据え置かれた形である．

　すでに，指定都市と知事会は，大都市制度のあり方で対立的な立場にあった．地方制度調査会の前の2011年，指定都市市長会は「新たな大都市制度の創設

に関する指定都市の提案～あるべき大都市制度の選択『特別自治市』～」を発表した．そこでは「基礎自治体優先の原則」に則り，諸外国の大都市制度に言及しながら，「二層制の自治構造を廃止し，広域自治体に包含されない『特別自治市』の創設を提案した．これは大都市部で国や道府県の事務を一元的に担う自治体である．大都市経営を一体として担うために，効率化と税収入による財政的メリットが期待されているわけである．ところが，その直後に全国知事会は「地方行政体制特別委員会」を立ち上げて「検討状況報告」(2012年)を示したが，そこでは「地方の選択肢を増やす」ことは良いことだが，特別自治市を含めた大都市制度については「全国知事会の意見も踏まえた制度設計とする必要がある」と釘を刺している．

（3）大阪府と大阪市の構想

　大阪府と大阪市については，実は両者はずっと大都市制度の設計をめぐって対立的な関係にあった．まずは大阪府の議論を見ておこう．2000年以降に関しては，大阪府の主張は「大阪府行財政計画（案)」(2001年)に示されている．その1節において，大阪府は市町村に対して「権限移譲を推進するとともに，府域の市町村における都市型の多様な合併への取組などに対し積極的に支援していく」とする．そうすれば一方で「都道府県の事務が縮小することは免れない」が，その上で「都道府県の意思と能力に応じ，都道府県と国との協議により権限と財源を委譲する制度の創設を求める」として広域自治体としての権限強化を構想する．ここで実は新しいタイプの「大阪都」や府市連合の構想を検討することが言及されたのである．

　その後2004年に大阪府地方自治研究会が「大阪大都市圏にふさわしい地方自治制度」を取りまとめている．大阪府は，大阪市域を超える大都市圏の広がり，経済的低迷，府市事務の重複などの問題に取り組むべきだとし，大阪都市圏全体を包括し，各自治体が統一で都市圏再生を展開できる新・広域的自治体の必要性を提唱した．この広域的自治体の創設において懸案となるのは大阪市の取り扱いである．府としては，大阪市はノウハウと人材を持ちつつも，大都市圏全体の課題には対応しきれず，かつ府市間の二重行政が課題となっているとした．だからこそ，府市を結合し，計画調整機能など都市圏の総合戦略やビ

ジョンを構築する機能を広域的自治体に集約し，大阪大都市圏の一体的総合的な事業展開を図るべきだとした．具体的には，大阪府の廃止と「大阪新都」構築を提示した．これは広域自治体としての固有の事務を実施する権限と課税権を持つ広域連合創設案が示されつつ，さらに大阪府と大阪市との一体化案が「優れた面がある」案として提示された．この府による構想は，基礎自治体を重視したものに思えるが，真髄は「大阪府主導」による総合性強化策という見方もできる[関西圏域における広域行政研究会 2007]．

　これに対して大阪市は反論を示し，また別の構想を訴えた．前出の府の構想の中間論点整理時点の議論に対する市の立場だが，大阪新都構想を次のように批判した（「新たな大都市制度のあり方に関する報告」(2003 年)）．「大阪市をはじめとする大都市は，基礎的な自治体として，行政区を効果的に活用しながら，きめ細かな市民サービスを実施するとともに，人口・産業の集積した大都市圏の中心都市として，広域的な効果のある施策も実施しており，これらが各施策分野ごとに一体のものとして大都市行政を形成している．したがって，こうした総合的な大都市制度を『広域行政』と『基礎的行政』に分離し，再編するという発想は，大都市行政の実態がふまえられていないと考えられる」．特に大阪府・大阪市一体化構想は「垂直合併」のアイデアであり，「基礎的自治体の充実・強化という地方分権の考え方に逆行する制度」だと糾弾した．ただ一方で，特別市一層制についてはその実現性に疑問があるとしていた．仮に特別市が実現しても「現行の制度以上に，広域的な行政課題についての調整が困難になる」という論拠で，広域的自治体による調整機能をなくすことには反対の立場だった．

　大阪市が当時構想していたのは，「スーパー指定都市」である．2000 年代に議論の重きが置かれた道州制とセットのアイデアだが，道州制を構想しつつ，道州の役割を限定し，「基礎自治体優先の原則」に基づいて事務配分を行うべきだとした．そこで，指定都市は「真に広域的処理を要する事務を除いたすべての事務を，一体的・総合的に処理すべき」であり，州は真に広域的処理を必要とする事務を担うとした．同時にそのための税財源制度の確立についても構想した（「新たな大都市制度のあり方に関する報告Ⅱ」(2006 年)）．現行の府市における役割分担の曖昧さを解消し，二層制を維持しつつ，より権限委譲を受けた強力な指定都市形成を狙ったわけである．

　こうした府と市の構想合戦のような歴史的背景がありつつ，湧き上がったのが当時の大阪府知事（のちに大阪市長）だった橋下徹，そして大阪維新の会が契機を作った「大阪都構想」である．大阪都構想は，登場した頃から2020年の住民投票の頃までその内容に変化があるが[砂原2021]，基本的な骨格は，大都市部の市を廃止しそこに特別区を置き，その上に広域自治体として都を設けるという着想である．2011年統一地方選時点の大阪維新の会「大阪都構想推進大綱」は，大阪府，大阪市と堺市の統合，旧市域に公選区長と議会を置く特別区を設けて中核市並みの権限を持たせるというものだった[北村2013]．統一地方選で維新の会の知事と大阪市長のダブル当選を経て，国政政党との連携を模索しつつ，特別区設置の立法化を急いだ．結果，2012年に「大都市地域特別区設置法」が成立した．指定都市と隣接自治体を含めて人口200万人以上となる地域に特別区を設置できることになったのである．ただ，市を分割して特別区を作るときは住民投票で過半数以上の賛成をえる必要があることとされた．

　この「大阪都構想」は，大阪都市圏の経済成長と行政改革が大義名分であり，そのために維新の会としては現行法制のもとで選択できる最大限の可能性を追求した産物なのかもしれない．しかし，このアイデアの出所である大阪府知事時代の橋下の「大阪市が持っている権限，力，お金をむしり取る」，「話し合いで決まるわけがない」，「権力を全部引きはがして新しい権力機構をつくる．これが都構想の意義だ」（『読売新聞』2011年6月30日）といった発言は，あくまで大阪府と大阪市の「府市合わせ（不幸せ＝対立）」というかならず再発する「病気」の「外科手術」による「治療」という点に主たる政治的関心があったことを示していよう[橋下2020]．なぜなら，この構想の直接の発端は，府と市の浄水場が一部で近接し非効率運営だったことで，相互の水道事業統合を協議したが最終的に決裂したことだったからである[渡部2021]．というのも，橋下は住宅供給公社と信用保証協会とともに水道事業の二重行政解消を，当時の大阪市長平松邦夫との誌上対談で明白に宣言していた（『読売新聞』2008年2月16日記事）．端的に言えば，真の狙いはともあれ，「大阪都構想」は，その端緒から大阪府が大阪市（またその周辺市）の諸権限を吸収するためのゼロサムゲームでしかないわけである．しかしながら，これまで2回にもわたる特別区設置法による住民投票は，いずれも反対意見が多数を占めるに至った．

（4）神奈川県と横浜市の構想

　前述の通り，指定都市側は 2010 年代になって，「特別自治市」構想をはじめ，明確に一層制の大都市制度を提唱し続けている．最も新しい議論は 16 の指定都市が議論した「多様な大都市制度実現プロジェクト」である．2021 年の報告書では，明治以降変わらない道府県・市町村という画一的な地方制度をやめて，圏域の活性化を牽引する都市づくりと懸案である道府県と指定都市との二重行政の解消を目指し，地域の特性に応じて住民が制度を選べる状況を作り出すことが必要だという認識に立つ．そして，大都市地域特別区設置法は制定されたものの，「特別市」構想は進展がないという点でバランスを失しており，多様な制度を実現していくべきだというのである．ここで示される「特別自治市」は，都道府県に属さない「特別地方公共団体」であり，都道府県がになう市町村の連絡調整や補完事務を除いて，現行の指定都市と道府県が指定都市域内で担う事務の全てを処理する自治体である．指定都市グループが目指す姿は，道府県普遍主義による制度設計と対峙したさらなる指定都市の総合性の獲得である．「基礎自治体の『現場力』」と「大都市の『総合力』」を併せ持つ指定都市への，更なる事務権限と税財源の移譲の推進を行うべきだ，この制度的表現が特別自治市なのである．

　こうした議論が具体的に繰り広げられたのが，神奈川県と横浜市である．最初に横浜市の構想を見ておこう．当市は 2010 年から「新たな大都市制度創設の基本的考え方」の策定に始まり，継続的に大都市制度の議論を行い，2013 年に「横浜特別自治市大綱」を策定した．横浜市が目指す特別自治市は，県が横浜市域で実施している事務及び横浜市が担っている事務の全部を処理し，当該市域内の地方税をすべて賦課徴収する権限を有する一層制の自治体である．これによって，「総合性」「地域の実情に応じた柔軟な対応」「効率性」「大都市の一体性」といった視点・価値に基づいた「大都市・横浜が持つ力を存分に発揮」する体制を目指すという．2021 年に改訂版を発表した．

　他方，基本は現状維持の立場を示したのが神奈川県の「特別自治市構想等大都市制度に関する研究会」の報告書である（2021 年）．横浜特別自治市大綱等の指定都市のアイデアに対しては，これまでの主張内容を検討しつつ，「どうしても払拭できなかった疑問」があると待ったをかけたのである．さまざまな

意見徴収や試算を通じて，県の市町村間調整機能の支障が発生することや，災害救援や感染症対策など住民サービス全体が悪化すること，結果的に歳出超過が生じるなど，一層制特別自治市が住民のためになるのかどうかがわからないという．二重行政は問題が生じれば具体的な事務について改善すれば良いし，税財源の不足があれば県と指定都市と一緒に連携して国に対して確保を求めていくと提言した．

（5）東京都と特別区の構想

　他方で，東京都と特別区の間にもこの総合主義同士の衝突はある．前述の通り特別区は 2000 年代に入ってから都との交渉で事務権限移譲を訴え続けてきた．特別区区長会は，特別区制度調査会（第 1 次（2005 年），第 2 次（2007 年））を主催して都区制度の転換と特別区の自治権拡充を画策してきた．これらに共通する主張は，2000 年以降変わらない東京都の意識変革と更なる権限移譲の姿勢である．つまり都は東京大都市地域を 1 つの市と捉えて広域自治体である都が地域の主体であるかのように振る舞う「大東京市の残像」を引きずったままであり，その結果，都区協議が膠着したままになっているというのである．そこで「基礎自治体優先の原則」に則り「市町村事務のすべてを基礎自治体である特別区が担い住民に対して責任ある基礎自治体としての地位を名実ともに確立していく必要がある」（第 1 次）と謳った．ここで登場する構想が「東京○○市」と基礎自治体連合の設立である．東京○○市は東京都から分離独立するものであり，「地域における行政を自主的かつ総合的に担うもの」とされた．「区」という名称から決別したいという．これらの新市が対等協力の関係のもとに連合を組織化し横断的に行政を処理することも構想されている．

　他方で，東京都側は，これらの構想への見解について，筆者の管見の限り直接公表していないようだが，第 30 次地方制度調査会での都区制度に関する東京都の態度は，基本的に現状維持で何も困った点はないというものだったようで［伊藤 2014］，東京大都市部について都は 2010 年代前半時点でも厳然として二層制を維持するつもりであり，自身の総合主義を諦めていなかったと考えることが妥当なところだろう．

第 5 節　大都市制度改革に求められる努力

　本章は，大都市制度をめぐる諸議論を見ながら，議論に参加する関係者がいかに議論し葛藤していたか，その奥底にある原因を考えることが目的だった．明らかに 1 つの線が描ける．それは，都道府県と大都市との権限分捕り合戦（ゼロサムゲーム）に陥りがちだという傾向である．指定都市も特別区も都道府県の総合性を薄めて自らの総合性と膨張の道を確保しようとする．都道府県もまた然りである．議論全体の建付けは，言ってみれば，決して解決しない膠着ゲームが予想される権限・財源配分論が中心であり，むしろそれを超えた大都市固有の事務権限を大きく想定する「ポジティブサム」を照準に入れたような着想はほぼ見当たらない．考えてみれば，「大都市制度」とはそもそもそのような制度の建付けで良いのだろうか．

　本来求められることは，改めて大都市とはなにか，そしてその大都市ならではの役割と権限についての国と自治現場を含めた根源的な議論であり，大都市の発展と問題解消のための新たな権限と財源の創出に関する構想である．当然ながら広域自治体から移管される権限もあれば，場合によっては大都市が担わなくなる権限も生じるかもしれない．大規模な制度改変は重要でないというつもりはないが，そのために有権者が支払うコストも甚大である．自治体の長と議会は，まずは人々の幸せを最ももたらす仕組みは何かを具体的に真剣に模索していくことが，広域であろうが基礎であろうが役割の基本であり，そうした取り組みを 1 つ 1 つ積み上げていく中で必要不可欠な制度構想を堅実に作り上げていく努力が自治現場，そして国にも求められるというべきではないか．

注
1 ）本章は，森裕亮［2008］「わが国における大都市制度の改革とその課題──普遍主義バイアスをめぐって──」『関門地域研究』（北九州市立大学・下関市立大学）17 を大幅に加筆修正したものである．
2 ）制度の基本的概要については，久世［2005］，磯崎・金井・伊藤［2007］，金井［2007］，大杉［2011］，そして新藤・阿部［2006］などの解説書あるいは各種資料を参照した．

参考文献

天川晃[2006]「指定都市制度の成立と展開」，指定都市市長会・東京市政調査会編『大都市のあゆみ』．

磯崎初仁・金井利之・伊藤正次[2007]『ホーンブック地方自治』北樹出版．

伊藤正次[2014]「大都市制度の今後について――第 30 次地方制度調査会答申から――」，特別区協議会編『大都市制度改革と特別区――第 30 次地方制度調査会答申からの展望――』学陽書房．

大杉覚[2011]「日本の大都市制度」，自治体国際協会・政策研究大学院大学比較地方自治研究センター『分野別自治制度及びその運用に関する説明資料』20．

金井利之[2007]『自治制度』東京大学出版会．

関西圏域における広域行政研究会[2007]『大都市制度と府県』（ひょうご震災記念 21 世紀研究機構研究調査本部特別研究 2006 年度中間報告書）．

北村亘[2013]『政令指定都市――百万都市から都構想へ――』中央公論新社．

久世公堯[2005]『地方自治制度』学陽書房．

橋本勇[1995]『地方自治のあゆみ――分権の時代にむけて――』良書普及会．

橋下徹[2020]「大阪都構想を実現できなかった僕の反省」（2020 年 12 月 16 日）プレジデント公式メールマガジン「橋下徹の『問題解決の授業』」抜粋記事（https://president.jp/articles/-/41257?page＝1，2021 年 12 月 9 日閲覧）．

新川達郎[1996]「大都市制度と広域行政」『都市問題研究』48（9）．

――――[2002]「地方分権改革と都市自治制度」，東京市政調査会編『分権改革の新展開に向けて』日本評論社．

新藤宗幸[2002]「自治体の制度構想」，松下圭一・西尾勝・新藤宗幸編『自治体の構想2 制度』岩波書店．

新藤宗幸・阿部斉[2006]『概説・日本の地方自治』東京大学出版会．

砂原庸介[2021]「圏域・自治体間連携」，北山俊哉・稲継裕昭編『テキストブック地方自治第 3 版』東洋経済新報社．

高木鉦作[1993]「特別市制の制定と実施」，東京市政調査会編『大都市行政の改革と理念――その歴史的展開――』日本評論社．

土岐寛[2009]「東京都制と大都市制度」，土岐寛ほか編『現代日本の地方自治』北樹出版．

特別区区長会[2021]「都区制度（東京の大都市制度）について」特別区区長会ウェブサイト（http://www.tokyo23city-kuchokai.jp/gaiyo/pdf/tokubetsu01.pdf?_r0308，2021 年 12 月 13 日閲覧）．

吉田民雄[1996]「地方分権と大都市の果すべき役割」『都市問題研究』48（9）．

渡辺裕子[2021]「大阪都構想は何を提起しようとしたのか――大都市制度を考える――」nippon.com（https://www.nippon.com/ja/in-depth/d00665/，2021 年 12 月 9 日閲覧）．

（森　裕亮）

第2章

大都市制度改革構想と自治体議会の論点

第1節　大都市制度の検討課題としての議会

（1）大都市制度改革の"脇役"に甘んじる自治体議会

　近年，大都市制度の改革構想をめぐる論議が活発化している．その中心的な論題となってきたのが，いわゆる大阪都構想の是非であろう．2010年に大阪維新の会が構想を発表して以来，さまざまな観点から肯定論と否定論が展開されてきた．そうしたなかで，2012年に大都市地域特別区設置法が制定されると，同法に基づいて，2015年と2020年の2回にわたって住民投票が実施されたが，いずれも反対多数で否決されるに至る．しかしその後も，現行の政令指定都市制度のもとで実質的な府市行政の一元化を進める，いわゆる「バーチャル都構想」の動きが続いており，2021年には大阪市の権限の一部を大阪府に移管する府市一体条例が制定されるなど，いまだ予断を許さない状況にある．

　また，もう1つの大都市制度改革構想である特別自治市構想をめぐる動きも見られるようになった．特別自治市構想は，政令指定都市制度の改革論議を踏まえて，2010年に横浜市が策定した「新たな大都市制度創設の基本的考え方《基本的方向性》」，および同年に指定都市市長会が発表した「新たな大都市制度の創設に関する指定都市の提案～あるべき大都市制度の選択『特別自治市（仮称）』～」において掲げられたものである．横浜市では，2013年に特別自治市の制度骨子をまとめた「横浜特別自治市大綱」を策定するとともに，大阪都構想が住民投票で否決された後の2021年に同大綱を改定し，その早期実現に向けた取組みを進めるとしている．

　これらの構想を推進する立場からは，両構想のさまざまなメリットが謳われているが，そのなかで注目されるのが，住民自治の拡充につながるという主張である．例えば，大阪都構想では，270万市民を1人の市長がカバーしなければならない大阪市は「住民との距離が遠くなる傾向」[大都市制度（特別区設置）協議会 2020：総論-9]があり，特別区の設置によって，「現在よりも人口規模が小さい基礎自治体が設置され，選挙で選ばれた区長と区議会のもと，より地域の実情や住民ニーズにあった施策を展開することで，住民サービスを最適化」することが可能であるという[大都市制度（特別区設置）協議会 2020：総論-10].また，横浜特別自治市構想においても，特別自治市制度の4つの基本的枠組みの1つとして，「内部の自治構造は，市―区の二重構造を基本とし，現行の行政区を単位に住民自治を制度的に強化する」ことが掲げられている[横浜市 2021：2].

　一方で，両構想において，「住民自治の根幹」[1]である議会のあり方という肝心な論点に関する言及は極めて少ない．特別区設置協定書では，わずかに，①議員定数について，大阪市議会における各行政区の定数をそのまま特別区議会の定数に割り当てることと，②議員報酬等について大阪市議会議員の例によることが定められているのみである．また，横浜特別自治市大綱においても，区における住民自治の強化に関連して，①区に区議会を設置しないこと，②区選出の市議会議員が区行政を民主的にチェックする意思決定機能の導入を検討することが言及されているのみである．実際，この間に両構想をめぐってさまざまな議論が展開されてきたものの，そこでは二重行政の解消や経済・財政上の効果などが議論の中心となり，議会に関する検討はほとんどなされてこなかった．果たして，両構想は住民自治の拡充に資するものなのであろうか．本章では，この問いに接近するために，代議制民主主義と自治体議会のあり方という観点から，日本の大都市制度の課題を検討することとしたい.

（2）大都市の制度設計をめぐる論点

　本格的な検討に入る前に，大都市がいかなる特性を備えているのかについて，簡潔に触れておきたい．なぜなら，大都市が他の地域と異なる特性を持っているからこそ，一般の地方自治制度とは異なる制度枠組みが必要とされるからで

ある．大都市が大都市たる所以は，そこに人びとが集中し定着している点にある．このような人口の集積は，大都市にさまざまな特性をもたらすことになるが，紙幅の都合上，大都市制度の設計に特に関連すると思われる3点を挙げておきたい．[2]

　第1に，「生活機能の分化性」である．大都市においては，「その人口の大部分が，1日の生活のなかで，他の空間に定着を求める」[磯村 1976：13]．具体的には，居住（家庭）と職場の分化であり，工業，商業，金融，教育，文化などの諸機能の空間的分化である．大都市は，その内部に地域的多様性を包含しているのである．第2に，生活機能の分化は，分化した空間を行き来する日常的な移動をもたらす（「生活機能の移動性」）．そしてこの移動は，公共交通網の整備やモータリゼーションに伴ってますます容易になり，長きにわたる都市化の進行とあいまって，大都市の空間的広がり（大都市圏）をもたらすことになる．第3に，生活機能の移動性は，「生活の大衆性」を生じさせる．大都市においては，家庭と職場以外の「第三の空間」[磯村 1976：16-19]が発達する．第三の空間は，家庭や職場とは異なり身分や地位に縛られない匿名性の高い空間であり，定時性や規則性から離れた自由の空間である．このような第三の空間の発達が，大都市は誰にも開かれているという開放性をもたらし，「多元的な価値を受け容れ，その混在をゆるす異種混交的な空間」[齋藤 2005：129]たらしめるのである．

　このように，一方では大都市圏という空間的広がりをもち，他方では内部に地域的多様性を備えた大都市において，政策課題の解決主体となる自治体政府をどのように構築するか．具体的には，単一の政府とするか複数の階層に政府を配置するか，その区域をどう設定するか，自治体政府の権限配分や政府間関係をどのように構築するかといった点が，大都市の制度設計の要点になる．また，どのように自治体政府を設計したとしても，自治体の区域を越えて広がる広域的な政策課題や，多様性をもった自治体内部のより狭域的な政策課題は存在しつづけるため，それらに対応する手立てを準備することも大都市制度設計の課題となるであろう．そして，そこでは，生活の大衆性と開放性から大都市の社会が内在する多元的な価値観を反映した，民主的な運営を保障するものとなっているかどうかが問われなければならない．

（3）日本の大都市制度の特徴と検討の視座

　日本の大都市制度である都区制度と政令指定都市制度はどのようなものであろうか．都区制度は，1943 年に施行された東京都制を起源としており，都と特別区の間で，事務配分と税財政の面から，一般の都道府県－市町村とは異なる取り扱いを定めている．まず，事務配分に関しては，大都市事務といわれる[3]，本来は基礎的自治体が担う上下水道の整備・管理運営，消防・救急活動，公共交通などの事務を，広域自治体である都が担っている．次に，税財政に関しては，都区財政調整制度が存在しており，本来は基礎的自治体の財源である固定資産税，市町村民税法人分，特別土地保有税を都が徴収したうえで，都と特別区で按分している．このように，広域自治体が基礎的自治体の行財政上の権限を吸い上げる構造になっているのが，都区制度の特徴である．

　一方，政令指定都市制度は，都区制度とは反対に，基礎的自治体により多くの権限を委ねる制度である．まず，事務配分に関しては，児童福祉，民生委員，身体障がい者福祉，生活保護など，17 項目にわたる事務権限を政令指定都市が担うことになり[4]，これは道府県の事務の 8 割に相当するといわれる［村松編 2010：86］．また，税財政に関しては，地方譲与税の増額，地方交付税の基準財政需要額の増額，宝くじの発売などの特例が設けられている．加えて，政令指定都市では行政区が必置とされており，2014 年には区長を議会同意が必要な特別職とする総合区制度が創設された．

　日本は，全国あまねく都道府県と市区町村の二層制を採用している．大都市制度もその例外ではなく，二層制を前提としたうえで，広域自治体と基礎的自治体の間の行財政上の権限配分の特例を設ける制度として設計されている．したがって，大都市制度の検討にあたっては，広域自治体も含めた「都－区」と「道府県－政令指定都市」の比較を行うことが肝要であろう．大阪都構想をめぐる論議に際してたびたび用いられた「特別区と政令指定都市」「特別区と総合区」の比較は，必ずしも適切ではない．以上を踏まえて，「都－区」と「道府県－政令指定都市」における代議制民主主義の制度設計の課題を展望すると，そこに極めて重要な問題が内在していることに気づく．すなわち，「事務権限の及ぶ区域と住民代表の選出区域の不一致」である．次節では，この問題について詳細に検討を行う．

　なお，日本の大都市制度が主として行財政上の特例制度であることは既に述べた通りであるが，代議制民主主義に係る諸制度に目を向けると，一般の都道府県－市町村との大きな違いは見られない．都議会と道府県議会，特別区議会や政令指定都市議会と市町村議会では基本的に同じ制度が適用されている．ただし，選挙制度に関して，政令指定都市はいくつかの特例的な取り扱いがなされている．そこで，選挙制度の違いが，政治情勢や自治体議会の機能発揮にいかなる影響をもたらしうるかを第3節で論じることとしたい．

第2節　大都市制度と代議制民主主義

（1）「事務権限の及ぶ区域と住民代表の選出区域の不一致」問題

　代議制民主主義の観点から，日本の大都市制度が抱える根本的な問題点は，自治体政府の事務権限が及ぶ区域と，権限に係る意思決定を担う住民代表の選出区域の間に不一致が生じることである．すでに述べたように，都区制度は，本来であれば基礎的自治体が所掌する大都市事務を広域自治体である都が所掌する仕組みであって，当然のことながら，それら大都市事務に関する審議や議決は東京都議会が担うことになる．専ら特別区の区域に係る大都市事務の意思決定に，特別区から選出されていない議員が加わるという"民主主義の歪み"を内包した制度となっているのである．このことは，特別区の住民が大都市事務についての自己決定権を奪われることを意味しており，特別区が長らく都の内部団体と目され都の関与を強く受けてきたことと相まって，半世紀以上にわたる特別区の自治権拡充運動をもたらすこととなった．また，この問題は，多摩地域においてより深刻であるかもしれない．なぜなら，東京都においては，特別区と多摩地域の間の社会的インフラの格差，いわゆる「三多摩格差」が長らく政策課題とされてきたが，このような格差を是正するための多摩地域の振興政策は，特別区選出議員が7割近くを占める都議会によって審議され，決定されてきたからである．

　この不一致問題は，政令指定都市でも起きている．道府県議会における政令指定都市選出議員の問題である．政令指定都市制度は，広域自治体が所掌する事務の一部を基礎的自治体が所掌するという，都区制度と真逆の発想に立つ制

度である．そこでは，道府県の役割が極めて小さいはずの政令指定都市から選出された議員が，他の市町村選出議員と対等な立場で，道府県の意思決定に関わるという歪みが生まれる．しかしながら，政令指定都市の住民も道府県税を納税しており，また道府県が政令指定都市の区域内において警察や高等学校の設置管理などの事務を担っていることを踏まえれば，都区制度の方が"民主主義の歪み"の問題がより大きいと考えられる．

　事務権限の及ぶ区域と住民代表の選出区域の不一致は，大都市制度そのものに内在する問題なのかといえば，必ずしもそうではない．欧米諸国では，大都市部において，基礎的自治体の事務権限と広域自治体の事務権限の双方を備えた一層制の自治体を創設する「特別市」型の大都市制度を採用していることが多い．この場合，大都市住民の選出した議員が大都市の区域内の事務に関する決定を担うことになるため，不一致問題は生じない．

　特別市型の大都市制度を採用していない事例として，イギリスのロンドンと，ドイツのブレーメンを挙げることができる．まず，ロンドンでは，広域自治体のグレーター・ロンドン・オーソリティー（GLA）と 33 の基礎的自治体（32 のロンドン区とシティ・オブ・ロンドン）による二層制が採用されているが，基礎的自治体は，その歴史的経緯から特別の地位を有しているシティ・オブ・ロンドンを例外として制度上の取り扱いに差はなく，東京都区制度のように特別区と市町村が併存する仕組みにはなっていない．

　次に，ブレーメンは，ベルリン，ハンブルクとともに，州の権限と市の権限を併せ持つ「都市州」の制度が採用されているが，他の 2 市と異なるのは，その歴史的経緯から，ブレーメン都市州がブレーメン市だけでなく，飛び地であるブレーマーハーフェン市もその領域に含んでいる点であり．それ故に二都市州とも呼ばれる．そこでは，ブレーマーハーフェン市が独自の市政府をもつのに対して，ブレーメン市政府は州政府が兼ねているが，ブレーメン市の権限に係る議会の審議と議決は，ブレーメン市の区域から選出された議員のみで行うこととされており，不一致問題を解消するための制度装置が組み込まれている．

　このように考えると，不一致問題は，日本の大都市制度において特徴的に現れている問題であるといえよう．東京都区制度は，1893 年に自由民権運動の担い手たる当時の自由党勢力を弱体化させる意図から東京府への三多摩移管が

なされた後［神長 2019：136-137］，1943 年に戦時体制下の集権的発想から東京市を東京府に編入させる形で誕生したものである．また，政令指定都市制度も，特別市の指定をめぐる府県側と市側の激しい対立のなかで，市を府県の区域内に残しつつ府県の権限の多くを市に移譲することで，実質的に特別市に近づけるという「妥協の産物」として創設された経緯がある．地域における民主主義のあり方が十分に顧慮されないままに，専ら行財政上の権限配分の特例として日本の大都市制度が設計されたことが，民主主義の歪みをもたらしてしまったように思えてならない．

（2）不一致問題と大都市制度改革構想

　以上の観点から，大都市制度改革構想をどのように評価できるであろうか．まず，特別自治市構想は，市域内において，道府県の事務と市の事務の「全部を処理」するとともに，「市域内地方税の全てを賦課徴収する」［横浜市 2021：2］ものである．これは「広域自治体と基礎自治体という従来の二層制の自治構造を廃止し，広域自治体に包含されない『特別自治市』を創設」［指定都市市長会 2011：6］することを意味しており，そこでは事務権限の及ぶ区域と住民代表の選出区域の不一致が解消されることになる．ただし，特別自治市が市域内の事務を一元的に処理することになったとしても，大都市空間においては市域を越える広域的な政策課題が存在しているのであって，道府県に代わる解決主体をいかに構築するかが課題となる．この点については，第 4 節で触れたい．

　一方，大阪都構想に目を向けると，不一致問題は極めて深刻である．**表 2 -1** は，大都市の人口と大都市が所在する都道府県の人口をまとめたものであるが，ここから，都道府県人口の過半数を超えるのは東京 23 区と京都市のみであることがわかる．大阪市の人口は，大阪府の人口の 29.4％を占めるにとどまっており，その割合は 20 市のなかでも 11 番目の小ささである．なお，大都市地域特別区設置法上の特別区の設置要件である「人口 200 万人以上」を単独で満たしているのは，横浜市，名古屋市，大阪市の 3 市であるが，いずれも府県人口の過半数を超えておらず，東京のように区部の人口が過半数を超えるためには，隣接市町村の大部分を巻き込んで特別区を設置するほかない．[6]

　次に，現行の東京都議会・大阪府議会の議員定数のうち，特別区・大阪市選

表 2 - 1　東京特別区及び政令指定都市の人口が都道府県の人口に占める割合

都道府県名	人口	都市名	人口	人口比
北海道	5,228,732	札幌市	1,947,599	37.2%
宮城県	2,282,106	仙台市	1,052,299	46.1%
埼玉県	7,393,849	さいたま市	1,297,490	17.5%
千葉県	6,322,897	千葉市	946,111	15.0%
東京都	13,843,525	東京 23 区	9,115,890	65.8%
神奈川県	9,220,245	横浜市	3,657,691	39.7%
		川崎市	1,476,159	16.0%
		相模原市	702,672	7.6%
新潟県	2,213,353	新潟市	779,174	35.2%
静岡県	3,686,335	静岡市	683,338	18.5%
		浜松市	774,416	21.0%
愛知県	7,558,872	名古屋市	2,216,840	29.3%
京都府	2,530,609	京都市	1,355,083	53.5%
大阪府	8,839,532	大阪市	2,595,840	29.4%
		堺市	816,090	9.2%
兵庫県	5,523,627	神戸市	1,478,386	26.8%
岡山県	1,893,874	岡山市	694,255	36.7%
広島県	2,812,477	広島市	1,174,790	41.8%
福岡県	5,124,259	北九州市	931,137	18.2%
		福岡市	1,525,017	29.8%
熊本県	1,758,815	熊本市	726,262	41.3%

（注1）人口は，住民基本台帳人口（2021 年 1 月 1 日現在）による．
（注2）下線は，単独で人口 200 万人を超える政令指定都市．
（出所）筆者作成．

出の議員が占める割合をまとめたものが，表 2 - 2 である．人口に応じて各選挙区に定数が割り振られるから当然ではあるが，東京都議会において特別区選出議員が 68.5％を占めるのに対して，大阪府議会における大阪市選出議員，すなわち大阪都構想実現後の特別区選出議員の割合は 30.7％に過ぎない．

　政令指定都市制度のもとで，大阪市民は幅広い政策課題について，自らが選出した市議会を通じて自己決定を行うことができる．しかしながら，大阪都構想が実現すれば，大都市事務に関する決定権限を大阪府に召し上げられ，その決定は大阪市（移行後の特別区）以外から選出された議員が 7 割を占める府議会

表2-2　東京都議会及び大阪府議会の議員構成

<東京都議会>

自治体名	議員定数	割合
特別区	87	68.5%
多摩地域の市町村	39	30.7%
島嶼部の町村	1	0.8%
計	127	100.0%

<大阪府議会>

自治体名	議員定数	割合
大阪市	27	30.7%
堺市	8	9.1%
その他の市町	53	60.2%
計	88	100.0%

(注) 議員定数は，2021年10月1日現在.
(出所) 筆者作成.

によってなされることになる．実際の府議会では政党・会派が介在するため，単純に議員の選出区域のみが意思決定の規定要因となるわけではないが，専ら特別区の区域に係る大都市事務について，たとえ特別区民の大多数が反対していたとしても，特別区以外から選出された府議会議員が賛成すれば，決定がなされうる構造なのである．そして，特別区民は，決定に抗うための制度上の術を持ち得ない．

　東京においては，事務権限の及ぶ区域と住民代表の選出区域の不一致が生じているものの，特別区選出議員が約7割を占めているため，結果的に大都市事務の決定に対する特別区民の意見反映が担保されている．また，少数派とならざるをえない多摩地域や島しょ地域に対しては，特別区との格差を解消するための地域振興予算という果実を準備することによって，度重なる制度改革論議にさらされながらも，かろうじて都という枠組みを維持し続けてきた．一方，大阪都構想において少数派となるのは，大阪府の意思決定により大きな影響を受ける特別区である．果たして，大阪都構想が「住民自治の拡充」につながるといえるであろうか.[7]

第3節　大都市の選挙制度と議会の機能

（1）特別区の大選挙区制と政令指定都市の「行政区＝選挙区」制

　つづいて，一般の都道府県-市町村と都区制度，政令指定都市制度の間で，自治体議会をめぐる諸制度にどのような違いがあるのかを検討したい．すでに述べたとおり，政令指定都市と特別区はともに基礎的自治体として，基本的に一般の市町村と同じ制度が適用されているが，選挙制度において若干の相違が

表2-3　政令指定都市・東京特別区議会の選挙区・定数・人口

<政令指定都市>

都市名	選挙区の平均議員定数	議員1人あたり人口
札幌市	7	28,641
仙台市	11	19,133
さいたま市	6	21,625
千葉市	8	18,922
横浜市	5	42,531
川崎市	9	24,603
相模原市	15	15,275
新潟市	6	15,278
静岡市	16	14,236
浜松市	7	16,835
名古屋市	4	32,601
京都市	6	20,225
大阪市	3	31,275
堺市	7	17,002
神戸市	8	21,426
岡山市	12	15,093
広島市	7	21,755
北九州市	8	16,336
福岡市	9	24,597
熊本市	10	15,130
平均	8	21,626

<東京特別区>

特別区名	議員定数	議員1人あたり人口
千代田区	25	2,689
中央区	30	5,686
港区	34	7,619
新宿区	38	9,085
文京区	34	6,664
台東区	32	6,364
墨田区	32	8,614
江東区	44	11,961
品川区	40	10,160
目黒区	36	7,814
大田区	50	14,673
世田谷区	50	18,407
渋谷区	34	6,780
中野区	42	7,967
杉並区	48	11,948
豊島区	36	7,981
北区	40	8,829
荒川区	32	6,767
板橋区	46	12,396
練馬区	50	14,802
足立区	45	15,356
葛飾区	40	11,592
江戸川区	44	15,821
平均	39	9,999

（注1）人口は，住民基本台帳人口（2021年1月1日現在）による．
（注2）議員定数は，2020年12月末日現在．
（出所）筆者作成．

ある．基礎的自治体においては，原則として選挙区は設けられず，自治体の区域がそのまま選挙区となる大選挙区制が採られている．一方，政令指定都市においては，行政区ごとに選挙管理委員会が置かれ（地方自治法252条の20），行政区を選挙区とする特例が設けられており（公職選挙法15条6項），中選挙区制を採用している．一般に，選挙区の定数が多いほど少数政党の当選可能性が高まるため，選挙制度の相違は，自治体の政治情勢に変化をもたらしうる．

　シュガートらによれば，代議制民主主義においては，相反する2つの価値基準がある．1つは，有権者がいかに効率的に自らの代表者を選出できるかという「効率性」（Efficiency）の基準であり，もう1つは，どれだけ多様な民意を反映させることができるかという「代表性」（Representativeness）の基準である[Shuggart and Carey 1992：7-8]．この指摘を踏まえて，政令指定都市と東京特別区議会の議員定数を考察したい．表2-3を見ると，政令指定都市の選挙区の平均議員定数は8，議員1人あたりの人口は2万1626人であるのに対して，東京特別区の議員定数は39，人口は9999人と，大きな違いがあることがわかる．ここから，選挙制度の面で，政令指定都市は相対的に「効率性」が高く，特別区議会は「代表性」が高い制度設計になっているといえよう．とりわけ，大阪市議会は議員定数が平均3であり，他市と較べて少ないことが注目される．近年の大阪市議会議員選挙では，大阪都構想を争点として，大阪維新の会をはじめとする推進派と，自民党をはじめとする反対派の候補の間で激しい選挙戦が展開されているが，そもそも大阪市は「効率性」が高い，すなわち大政党・会派間の対決が鮮明になりやすい選挙区の構造であることを付言しておきたい．

　一方，東京特別区に目を向けると，政令指定都市並みの人口を有する特別区では，議員選挙の「効率性」をめぐる問題が生じているように思われる．例えば，直近の選挙において，大田区では70人，世田谷区では75人が立候補しており，「効率性」が低い過大選挙区ともいえる状況が生じているのである．公職選挙法では，「特に必要があるとき」に，条例で選挙区を設けることができる」と規定されている（15条6項）．これらの特別区においては，特別区議員選挙における選挙区の設置が真剣に検討されてよいであろう．

表2-4　大阪特別区議会の議員定数

特別区名	人口	議員定数	議員1人あたり人口
淀川区	597,315	18	33,184
北区	776,154	23	33,746
中央区	722,074	23	31,395
天王寺区	644,420	19	33,917
平均	547,993	21	33,060

（出所）筆者作成.

（2）大都市制度改革構想と議会の機能

　以上のような政令指定都市と特別区の選挙制度の相違は，大都市制度改革構想が実現した場合，その後の議会のあり様にいかなる影響を及ぼすであろうか．特別自治市構想では，現行の行政区が存置されることになるから，市議会議員の選挙区に異同は生じないため，ここでは大阪都構想に焦点を絞って検討する．

　二元的代表制のもとで自治体議会が果たすべき役割は，① 住民代表機能，② 行政監視機能，③ 政策形成機能の3つに分けて理解することができる．住民代表機能は，「住民の多様な意見や利益を代表する役割」であり，行政監視機能は，首長等の「活動を監視し，その適正を確保するとともに，その権限行使を牽制する役割」であり，政策形成機能は，「地域の課題を解決するための対応案（政策案）を検討し，条例，予算，計画などの形で決定する役割」である［礒崎 2017：22-23］．この類型に即して，大阪特別区議会がその機能を十分に発揮しうるかを考えたい．

　まず，住民代表機能はどうか．ここでは，多様な住民の意見を反映しうる選挙制度となっているのかかが問題となる．先述のように，政令指定都市は中選挙区制のため「効率性」，特別区は大選挙区制のため「代表制」が高くなる．政令指定都市のなかでも大阪市は最も多い24行政区を設置しており，より「効率性」が高い状況にあるため，特別区への移行によって「代表制」が高まり，多様な民意の反映に資するようにも思える．

　しかし，実際にはそうではなかろう．表2-4が，2020年の住民投票の対象となった4特別区案のもとでの議員定数と議員1人あたり人口を示したものである．表2-3の東京特別区議会の数値を較べると，淀橋区の議員定数は，同

表2-5　市区議会における委員会の設置・開催状況

	人口段階別	議員定数	委員会数	1委員会あたり開会回数	1委員会あたり委員数	議員の平均所属数	議員の平均出席回数
特別区	人口20万人未満（2区）	27.5	13.5	8.8	10.4	5.1	44.8
	人口20～70万人未満（18区）	42.7	12.4	10.3	12.4	4.0	41.1
	人口70万人以上（3区）	50.0	14.7	11.7	15.9	4.7	54.6
	平均（23区）	39.2	12.8	10.4	12.7	4.1	43.1
市	人口20万人未満（680市）	20.2	7.4	9.4	-	-	-
	人口20万人以上（92市）	35.8	8.6	11.9	-	-	-
	政令指定都市（20市）	58.6	12.9	12.2	-	-	-
	平均（792市）	22.9	7.7	9.8	-	-	-

（注1）本表の数値は，常任委員会，議会運営委員会，特別委員会の数値を合算したものである.
（注2）委員会数は，2019年中に設置されていたもので新設，廃止を含む.
（出所）特別区協議会［2021］及び全国市議会議長会［2021］の数値を基に筆者作成.

程度の人口規模である杉並区のわずか37.5％であるし，北区や中央区，天王寺区の議員定数も，それぞれ大田区や練馬区，足立区の半分にも満たない．これでは，特別区の設置によってシュガートらのいう「代表性」が高まったとしても，その効果は議員定数の少なさによって減殺されてしまう．

　このような議員定数のもとで，大阪特別区議会は行政監視機能や政策形成機能を十分に担うことが可能であろうか．日本の自治体議会では，人口規模が大きくなるほど，委員会中心の議会運営がなされる傾向があり，委員会が行政監視機能や政策形成機能の多くの部分を担っている．そのため，委員会数や開催回数が，議会の活動量を一定程度示す指標となるであろう．

　東京特別区と市の委員会の状況をまとめたものが，**表2-5**である．東京特別区議会では，平均して12.8の委員会が設置されており，議員は4.1の委員会に所属し，年間で43.1回の委員会審査に出席している．一方，市議会はどうか．委員数と平均委員会出席回数に関する数値がなく限られたデータであるが，政令指定都市では12.9，人口20万人以上の市では8.6，人口20万人未満の市では7.4の委員会が設置されている．ここから，東京特別区では，その人口規模に関わらずいずれも委員会中心の議会運営が行われており，かつ政令指定都市並みの委員会活動量となっていることがわかる．

　それでは，大阪特別区議会は，東京特別区議会並みの委員会活動を展開しう

るのであろうか．上記の議員定数からは，困難であると言わざるをえない．東京特別区議会と同数の委員会を設置するには，各委員会の委員数を少なくするか，各議員の所属委員会数を増やすしかない．前者の場合，東京特別区と同様に議員が 4.1 の委員会に所属するとすると，1 委員会あたりの委員数は 6.7 人となるが，これは東京特別区の委員数の半分程度であり，少数会派の所属議員を委員に加えて幅広い合意形成を図ることが難しくなる．また，後者の場合，東京特別区議会の平均委員数である 12.7 人を確保するためには，大阪特別区の議員は 7.7 の委員会に所属し，年間のべ 80.4 回委員会に出席する必要がある．これらは，いずれも東京特別区の 2 倍近い数値であって，議員の負担が大きく増し，住民の意見把握や独自の政策提言といった議員活動が停滞してしまう恐れがある．果たして，大阪特別区議会が，「中核市並み」の権限をもつとされる特別区の行政運営を厳正に監視するとともに，独自の政策形成を担っていくことはどこまで可能であろうか．議員定数は，議会のあり方そのものに関わる重要な論点であり，大阪市議会議員の定数をそのまま当てはめるという決定方法はあまりに乱暴であると言わざるをえない．

第 4 節 広域・狭域の政策課題と議会

（1）広域行政と代議制民主主義

本章では，代議制民主主義と自治体議会のあり方という観点から，大都市制度改革の論点を整理するとともに，大阪都構想と特別自治市構想の課題を検討してきた．結論を改めてまとめると，大阪都構想では，事務権限の及ぶ区域と住民代表の選出区域の不一致に伴う問題が東京よりも深刻になる．また，大阪市を特別区に分割することで，議会の「代表性」が高まり多様な民意の反映に資することが期待されるが，大阪都構想が想定する特別区の議員定数の少なさからその効果は減殺され，むしろ議会の機能低下を招く恐れがある．一方，特別自治市構想は，市が道府県から独立することになるから不一致問題は解消され，また議会制度に変更が伴わないため，議会の機能は現状の政令指定都市と同様のものとなると考えられる．

しかしながら，特別自治市構想では，大都市圏の拡大に伴う広域的な政策課

題への対応という課題が残ることになる．大阪都構想では，上記のような課題を抱えているにせよ，広域の政策課題については大阪府の政府がその解決主体となり，また市区町間の調整を担うことになるが，特別自治市では，そのような広域の政府が存在しなくなる．横浜特別自治市大綱では，特別自治市が「県及び近接市町村等との水平的・対等な連携協力関係を維持・強化する」［横浜市2021：22］としているが，どのような広域行政体制を構築するのか，そこに代議制民主主義のしくみを組み込むかどうかが論点となる．同大綱では，広域連携の具体的なしくみについては言及されておらず，例示として一部事務組合の設置や連携協約の締結等が列挙されているのみであるが，一部事務組合については議会の形骸化，連携協約を用いた圏域形成については中心都市優位であることへの指摘があり，その民主的な運営が課題になる．

　この点について，欧州諸国では，欧州統合とグローバル化に伴う都市間競争を受けて，大都市圏（リージョン）レベルの広域的な政策主体を構築する動きが見られる．そして，その制度設計において，代議制民主主義のしくみが組み込まれているのである．例えば，ドイツの先進事例として広く知られるシュトゥットガルト地域連合では，圏域住民の直接公選による議会が置かれ，まさに「govern する主体」［牛山 1994：350-351］としての制度設計がなされている．また，フランクフルト地域連合では，直接公選ではなく，連合を構成する 75 の基礎的自治体から 1 名ずつ選出された代表者による間接公選の議会を設置している．この議会において，代表者は自身の基礎的自治体の人口に応じた票数をもつが，純粋な人口比で票数が決められているわけではなく，中心都市であるフランクフルト市の票数が過大となり周辺自治体との対立を招かないよう配慮されている．

　広域行政の構成自治体が増えるほど，利害関係が複雑になり合意形成が難しくなる面があるのは事実であろう．また，一部事務組合や広域連合の議会に対しては，たびたびその形骸化が指摘されてきた．しかし，だからといって中心都市のリーダーシップに期待するだけでは，広域の政策課題に対して持続的に対応することができるか疑問が残る．諸外国の事例を踏まえつつ，広域行政においていかに代議制民主主義を機能させるかという視点からの検討が求められよう．

（2）狭域レベルの住民自治の構築

　加えて，大都市においては，自治体の区域内部における狭域的な政策課題への対応もまた重要となる．欧米において特別市型の大都市制度を採用する事例の多くが，公選の議会を置く自治区を設置しているが，特別自治市構想では公選議会を置かない行政区とし，そこにおいて「区選出市会議員のチェックによる適正な区行政が行われ，住民の意見を行政に反映させることができる」〔横浜市 2021：24〕しくみを構築するとしている．横浜市では他の政令指定都市に先駆けて，区行政に対して議員が関与するしくみを模索してきた経緯があり，その取組みは評価できる．しかしながら，表2-3にまとめたように，横浜市は大阪市，名古屋市に次いで区の議員定数が少なく，こうした取組みのみで大都市にふさわしい狭域レベルの住民自治の構築が可能なのか，慎重な検討が求められる．

　そもそも，特別自治市構想は，広域の問題については，横浜市が神奈川県から独立したとしても，それぞれが独自の政治システムを備えた自治体政府間の水平的な連携・調整が可能であるとする一方で，狭域の問題については，区に独立した政治システムを創出させる自治区化は市域の一体的なまちづくりを阻害するから，行政区を存置することが妥当であるとしている．このような，一見して矛盾している帰結の妥当性を，どのように説明するかが問われるであろう．

　冒頭で述べたように，日本の大都市制度改革は，主として広域自治体と基礎的自治体の間の行財政上の権限配分と調整の問題として論じられてきた．そこで，本章では，これまで十分に顧みられてこなかった自治体議会と代議制民主主義の観点から，大都市制度改革の論点の整理を試みた．本章で取り上げた諸論点に対する解を導出するためには，従来不足してきた大都市の代議制民主主義に関する実証的な研究を積み重ねる必要があり，筆者の今後の課題としたい．大都市制度は，単なる大都市行政制度ではなく大都市自治制度なのであって，そこでは地域における民主主義のあり方が問われなければならないことを，最後に強調しておきたい．

注

1）第 26 次地方制度調査会答申では，「本格的な地方分権時代において，自己決定・自己責任の原則に基づく地方公共団体の意思決定がなされるためには，住民自治の根幹をなす地方議会の活性化や住民参加の積極的な拡大・多様化が不可欠である」（傍点は筆者）と述べられている．また，江藤は，議会が住民自治の根幹である理由として，議会が「① 多様性（さまざまな角度から事象に関わり，課題を発見できる），② 討議（議会の本質の 1 つ：論点の明確化，合意の形成），③ 世論形成（公開で討議する議員を見ることによる住民の意見の確信・修正・発見）」という特徴をもっていることを挙げる［江藤 2019：189-190］．

2）磯村［1976：11-22］を参照．なお，磯村は，本章で取り上げた 3 点に加えて，情報機能の集中性，生活機能の 1 日完結性，空間の可彫性，定着意識の凝集性，物理的象徴性を挙げている．

3）「人口が高度に集中する大都市地域における行政の一体性及び統一性の確保の観点から当該区域を通じて都が一体的に処理することが必要であると認められる事務」（地方自治法 281 条の 2 第 1 項）と規定されている．

4）このほか，政令指定都市においては，一般の市町村では都道府県知事の許認可その他の関与が定められている事務の一部について，都道府県知事の関与を要しなくなったり，国の主務大臣が関与することになったりする行政関与の特例がある．

5）シティ・オブ・ロンドンは，他のロンドン区と同様の事務に加えて，独自の警察機構を持ち，英国刑事裁判所，テムズ川に架かる 5 つの橋，港湾検疫局，3 つのフードマーケットなどの運営を行っている［自治体国際化協会 2019：20］．なお，その面積は 2.9㎢で千代田区の 1／5 程度に過ぎない．

6）なお，名古屋市は，すべての隣接市町村を含めても，愛知県人口の過半数に届かない．横浜市・川崎市と大阪市・堺市，京都市，神戸市は，隣接市町村を含めれば，特別区の設置要件を満たしなおかつ道府県人口の過半数を超える可能性がある．

7）不一致問題に長らく直面してきた東京では，特別区協議会が「『都の区』の制度廃止と『基礎自治体連合』の構想」を発表している．この構想は，特別区を「東京○○市」として，都が法的に留保している市の事務と現在都が課している市税等のすべてを「東京○○市」が引き継ぎ，都区財政調整制度を廃止する［特別区制度調査会 2007：8］とともに，すべての「東京○○市」によって構成される「基礎自治体連合」が事務の共同処理や財政調整等を担う［特別区制度調査会 2007：11-14］ものであり，不一致問題による民主主義の"歪み"の解消が可能な構想として注目される．

8）その一方で，被選挙権に関する特例は設けられておらず，政令指定都市に継続して 3 カ月以上居住していれば，必ずしも選挙区＝行政区に居住していなくとも立候補が可能である．このことを踏まえれば，行政区に係る選挙制度の特例はデモクラシーの観点から設けられたものとはいえないであろう．政令指定都市において，選挙区は行政区でなければならないと規定されている理由は，住民基本台帳の整備を担う主体が行政区とされているから，選挙人名簿の調製等において行政区の協力が必須であるところ，行政区

単位で選挙管理委員会を設置した方が選挙事務の適正化に資すると判断されたものと考えられる. このように, 選挙制度の特例は他の制度と同様にあくまで行政上の「処務便宜のため」[長浜 1964：83] に設けられたものであるにしても, 結果として住民の投票選好や政党配置に影響を及ぼしていることは確かであろう.

参考文献

礒崎初仁 [2017]『自治体議員の政策づくり入門』イマジン出版.

磯村英一 [1976]『都市学』良書普及会.

今川晃・牛山久仁彦編 [2020]『自治・分権と地域行政』芦書房.

牛山久仁彦 [1994]「市町村の合併と連合――『地方政府』の規模と広域行政――」『法学新報』100（11・12）.

江藤俊昭 [2019]「都市行政と議会改革」, 久末弥生編『都市行政の最先端』日本評論社.

神長唯「『三多摩格差』から『三多摩「内」』格差へ――東京都の地域格差に関する一考察――」『湘南フォーラム』13.

神原勝 [2019]『議会が変われば自治体が変わる』公人の友社.

齋藤純一 [2005]「都市空間の再編と公共性――分断／隔離に抗して――」, 植田和弘・神野直彦・西村幸夫・間宮陽介編『都市とは何か』岩波書店.

自治体国際化協会 [2000]『ロンドンの新しい広域自治体――グレーター・ロンドン・オーソリティーの創設――』.

――――― [2019]『英国の地方自治（概要版）―― 2019 年改訂版――』.

指定都市市長会 [2011]「新たな大都市制度の創設に関する指定都市の提案〜あるべき大都市制度の選択『特別自治市』〜詳細版」（http://www.siteitosi.jp/necessity/city/pdf/h23_07_27_02.pdf, 2021 年 12 月 22 日閲覧）.

全国市議会議長会 [2021]「令和 2 年度市議会の活動に関する実態調査結果（平成 31 年 1 月 1 日〜令和元年 12 月 31 日）」（http://www.si-gichokai.jp/research/jittai/file/0000jixtutaichixyousa2019-zennpe-ji-3.pdf, 2021 年 12 月 22 日閲覧）.

大都市制度史編さん委員会編 [1984]『大都市制度史』ぎょうせい.

大都市制度［特別区設置］協議会 [2020]「副首都・大阪にふさわしい大都市制度《特別区制度［案］》」（https://www.pref.osaka.lg.jp/attach/34351/00358699/siryo5-1.pdf, 2021 年 12 月 22 日閲覧）.

地方自治総合研究所監修 [2000]『逐条研究地方自治法Ⅴ』敬文堂.

特別区協議会 [2021]「特別区の統計　令和 2 年版」（https://www.tokyo-23city.or.jp/chosa/tokei/tokubetsuku/h_31/documents/39tokukei-00.pdf, 2021 年 12 月 22 日閲覧）.

特別区制度調査会 [2007]「『都の区』の制度廃止と『基礎自治体連合』の構想」（http://www.tokyo23city-kuchokai.jp/katsudo/pdf/sonota_katsudo/kouso_honbun.pdf, 2021 年 12 月 22 日閲覧）.

長浜政寿 [1964]「大都市の行政区について」『行政研究叢書 6　大都市行政』勁草書房.

名和田是彦・三浦正士 [2015]『ドイツにおける都市経営の実践――市民活動・都市内分

権・都市圏経営の諸相──』日本都市センター.

三浦正士［2020］「ドイツの大都市圏における広域的空間計画と広域連携」『神奈川法学』
　53（1）.

安田充・荒川敦編［2020］『逐条解説公職選挙法（第8版）』ぎょうせい.

横浜市［2021］「横浜特別自治市大綱　令和3年3月改訂」（https://www.city.yokohama.
　lg. jp/city-info/koho-kocho/press/seisaku/2020/20210326_taiko. files/20210326taiko_hon
　bun.pdf, 2021年12月22日閲覧）.

Shuggart, M. S. and Carey, J. M.［1992］*Presidents and Assemblies: Constitutional Design
　and Electoral Dynamics*, Cambridge University Press.

（三浦　正士）

第3章
大都市行政と児童相談所

第1節　児童相談所の活動と設置主体

（1）児童相談所の業務と体制

　近年，児童相談行政を取り巻く環境は大きく変化している．児童相談所での児童虐待相談対応件数は，毎年のように最多を更新している．このようななか，2004年および2016年の児童福祉法改正により，中核市と特別区には児童相談所設置市となる途が開かれた．これは，児童虐待防止における基礎的自治体としての取組みの意義と必要性を示すものであろう．

　厚生労働省が定める児童相談所運営指針によれば，児童相談所は，「市町村と適切な協働・連携・役割分担を図りつつ，子どもに関する家庭その他からの相談に応じ，子どもが有する問題又は子どもの真のニーズ，子どもの置かれた環境の状況等を的確に捉え，個々の子どもや家庭に適切な援助を行い，もって子どもの福祉を図るとともに，その権利を擁護すること」をその主たる目的として設置される行政機関である．

　これらの目的を達成するために，児童相談所には，基本的機能として，①市町村援助機能，②相談機能，③一時保護機能，④措置機能を果たすことが求められているほか，民法に関する権限として，親権者の親権喪失宣告の請求，未成年後見人選任および解任の請求を家庭裁判所に対して行うことができることも，児童相談所の特徴であるといえよう（表3-1）．

　もっとも，これらの機能を十分に発揮し，児童福祉法の目的を達成するため，児童相談所は，関係機関と必要な連携をとることも必要となる．ここでいう

表 3 - 1　児童相談所が果たすべき機能

市町村援助機能	市町村相互間の連絡調整，市町村に対する情報の提供その他必要な援助を行う
相談機能	専門的な角度から総合的に調査，診断，判定（総合診断）し，援助指針を定め，自らまたは関係機関等を活用し一貫した子どもの援助を行う
一時保護機能	必要に応じて子どもを家庭から離して一時保護する
措置機能	子どもまたはその保護者に対する指導，施設入所，里親委託を行う
（民法に関する権限）	親権者の親権喪失宣告の請求，未成年後見人選任および解任の請求を家庭裁判所に対して行う

(出所) 児童相談所運営指針に基づき筆者作成.

　「関係機関」には，市町村，保健所，児童委員，児童福祉施設，学校・教育委員会，警察，医療機関をはじめとする多様な主体が含まれる．児童相談所の職員には，これらの関係機関との密接な連携を図りながら，個々の事案に対応していくことが求められる[1]．

　個別の事案ごとに関係者や関係機関が異なる児童相談所の業務において，これに従事する児童相談所の職員には，児童福祉や関係法令に関する専門的な知識と経験も必要となる．児童相談所には，一般の行政職の職員にくわえて，児童福祉司や児童心理司といった児童福祉について専門的な知見を有する人材のほか，弁護士や医師・保健師も適宜配置される．また児童相談所に併設される一時保護所には，保育士，児童指導員，看護師，栄養士といった職員が配置されている．このように，現実の社会的事象に対して，法令を解釈・適用し課題への対応を行う児童相談所の職員は，いわゆる「ストリート・レベルの行政職員」であり，その確保と育成は，児童相談所の設置および運営にあたっての重要な論点となる．

（2）児童相談所設置主体としての基礎的自治体

　児童相談所は，児童福祉法に基づき，都道府県・指定都市・児童相談所設置市（中核市および特別区のうち政令で指定されたもの）によって設置されている．このうち，児童福祉法 12 条で「都道府県は，児童相談所を設置しなければならない」とされていることに加え，指定都市についても児童相談所の設置が義務付けられている．2004 年児童福祉法改正により，中核市においても児童相談所を設置することができることとなった．この改正の目的は，① 子育て支援

から要保護児童施策まで一貫した児童福祉施策の実施が可能となること, ②中核市は保健所設置市でもあり, 保健福祉にわたる総合的サービスの提供も可能となることを期待したものであったとされる[2].

同法改正を受けて, 横須賀市および金沢市が, 政令の指定を受け児童相談所を設置したのは 2006 年のことであった. これ以降, 熊本市 (2010 年設置. 後に指定都市に移行), 明石市 (2019 年設置) がそれぞれ児童相談所を設置した. このうち, 横須賀市の児童相談所設置の担当者 (当時) は「福祉施策を展開する上で, これまで有していなかった児童福祉に関する権限が神奈川県から移譲されることは, 大変意義深いことである. これにより, すでに本市が有している母子, 障害者, 高齢者などの福祉に関する権限を併せた総合的な福祉施策の展開が可能になるからである. 児童相談所を設置することは, 将来を見据え, 現在抱える課題や問題点を乗り越える価値があるものである」[西澤 2005：48-49]として, 市が児童相談所を設置することの利点を強調している.

このように児童相談所を設置する市の数は増加しているとはいえ, 全62中核市のうち, 横須賀市, 金沢市, 明石市の3市のみにとどまっている背景の1つには, 後述するように, 人材の確保・育成をはじめとした解決すべき課題が存在していることが指摘されている.

また, 2016 年児童福祉法改正により, 指定都市・中核市にくわえて, 政令で定める特別区も児童相談所を設置することができるようになった. この法改正は, 特別区の強い要望と働きかけによって実現したものであり, 東京23区のうち, 練馬区を除く22区が児童相談所設置に向けた取組みを進めており[3], 2020 年 4 月に江戸川区および世田谷が, 同年 7 月に荒川区が, 2021 年 4 月に港区がそれぞれ児童相談所を設置した (表3-2). このほかにも, 奈良市も中核市として児童相談所を設置する動きを見せており, 2022 年度の児童相談所設置を目標としている. このような児童相談所設置市の増加は, 児童福祉法の附則に「政府は, この法律の施行後 5 年を目途として, 地方自治法 (昭和22年法律第67号) 252 条の 22 第 1 項の中核市及び特別区が児童相談所を設置することができるよう, その設置に係る支援その他の必要な措置を講ずるものとする」ことが規定されていることもあり, 今後もすでに具体的な動きを見せている特別区を中心に続いていくものと思われる[4].

表3−2　指定都市・中核市・特別区が設置した児童相談所

都市名	区分	児童相談所の名称
札幌市	指定都市	札幌市児童相談所
仙台市	指定都市	仙台市児童相談所
さいたま市	指定都市	北部児童相談所 南部児童相談所
千葉市	指定都市	千葉市児童相談所
港区	特別区	港区児童相談所
世田谷区	特別区	世田谷区児童相談所
荒川区	特別区	荒川区子ども家庭総合センター
江戸川区	特別区	江戸川区児童相談所
横浜市	指定都市	中央児童相談所 西部児童相談所 南部児童相談所 北部児童相談所
川崎市	指定都市	こども家庭センター 中部児童相談所 北部児童相談所
相模原市	指定都市	相模原市児童相談所
横須賀市	中核市	横須賀市児童相談所
新潟市	指定都市	新潟市児童相談所
金沢市	中核市	金沢市児童相談所
静岡市	指定都市	静岡市児童相談所
浜松市	指定都市	浜松市児童相談所
名古屋市	指定都市	名古屋市中央児童相談所 名古屋市西部児童相談所 名古屋市東部児童相談所
京都市	指定都市	京都市児童相談所 京都市第二児童相談所
大阪市	指定都市	大阪市こども相談センター 大阪市南部こども相談センター
堺市	指定都市	堺市子ども相談所
神戸市	指定都市	こども家庭センター
明石市	中核市	明石こどもセンター
岡山市	指定都市	岡山市こども総合相談所
広島市	指定都市	広島市児童相談所
北九州市	指定都市	子ども総合センター
福岡市	指定都市	こども総合相談センター
熊本市	指定都市	熊本市児童相談所

（出所）厚生労働省 HP「全国児童相談所一覧（令和3年4月1日現在）」
を基に筆者作成.

第 2 節　大都市における児童相談所設置をめぐる議論

（1）東京都における児童相談所の設置状況

　前述のとおり，現行の法制度の下では，基礎的自治体のうち，児童相談所の設置が義務付けられている指定都市を除けば，中核市および特別区が児童相談所を設置することができる．このうち，中核市では児童相談所を設置しようとする動きは限定的であるが，特別区については多くの区が積極的な姿勢を見せている．以下では，この特別区の動向を事例として，基礎的自治体が児童相談所を設置する意義とこれにともなう課題を整理する．

　2016 年児童福祉法改正以前は，東京都内に児童相談所を設置する市はなく，すべての児童相談所は都が設置しているものであった．しかし，2021 年 10 月現在，東京都内には，5 設置主体（東京都，港区・世田谷区・荒川区・江戸川区）による全 14 児童相談所が設置されている（表3-3）．このうちの児童相談センターは，児童福祉法施行規則 4 条に基づく東京都における中央児童相談所として，他の児童相談所を援助し，その連絡を図る機能も担っている．

　特別区である港区，世田谷区，江戸川区，荒川区の 4 区が独自に児童相談所を設置したことに伴い，東京都世田谷児童相談所は廃止され，同所が所管していた狛江市は，東京都多摩児童相談所の所管となった．また，東京都児童相談センターから港区が，東京都江東児童相談所から江戸川区が，東京都北児童相談所から荒川区がそれぞれの所管区域から外れることとなった．

　このような特別区の動きによって児童相談所の所管変更は変更される狛江市では，実務的に市・多摩児童相談所・世田谷児童相談所の三者で確認と調整を行いながら，新体制への移行を進めることとなった．[5] 児童の生命や身体の安全に関わる児童相談行政においては，行政の管轄変更によって対応に「切れ目」が生じることは許されないことから，児童相談所の所管変更は，丁寧に進めることが求められよう．

　ところで，特別区による児童相談所設置が進めば，都児童相談所の所管区域も当然大きく変更されることになる．23 特別区のうち練馬区のみが現時点で児童相談所の設置に向けた具体的な動きを見せていないことを考えると，現行

表3-3　東京都内に設置されている児童相談所

設置主体	児童相談所名	担当地域
東京都	児童相談センター	千代田区，中央区，新宿区，文京区，台東区，渋谷区，豊島区，練馬区，島嶼部
	江東児童相談所	墨田区，江東区
	品川児童相談所	品川区，目黒区，大田区
	杉並児童相談所	杉並区，中野区，武蔵野市，三鷹市
	北児童相談所	北区，板橋区
	足立児童相談所	足立区，葛飾区
	八王子児童相談所	八王子市，町田市，日野市
	立川児童相談所	立川市，青梅市，昭島市，国立市，福生市，あきる野市，羽村市，西多摩郡
	小平児童相談所	小平市，小金井市，東村山市，国分寺市，西東京市，東大和市，清瀬市，東久留米市，武蔵村山市
	多摩児童相談所	多摩市，府中市，調布市，稲城市，狛江市
世田谷区	世田谷区児童相談所	世田谷区
江戸川区	江戸川区児童相談所	江戸川区
荒川区	荒川区子ども家庭総合センター	荒川区
港区	港区児童相談所	港区

（出所）東京都HP「東京都児童相談所一覧」を基に筆者作成.

の江東・品川・杉並・北・足立の都児童相談所は廃止されることになる．杉並児童相談所は，武蔵野市と三鷹市も所管していることから，世田谷・狛江の事例同様，2市にとっては所管の児童相談所が変更されることになる．また，現状の所管区域を前提にすると，東京都の中央児童相談所である児童相談センター（所在地：新宿区）は，練馬区と島嶼部のみを所管することになる．これを受けて，都側でも児童相談体制の再編成が求められることになろう．

（2）東京都特別区における児童相談所設置をめぐる議論

　特別区における区児童相談所の設置は，都区間の事務配分をめぐる議論としては，相当の歴史的経緯がある．国・都・区の間で議論の結果として，特別区の要望は2016年の児童福祉法改正により法的に可能となった[6]．以下ではその議論の一部を整理することとしたい．

　表3-4は，特別区における児童相談所設置をめぐる議論の沿革とその概要を整理したものである．2016年の法改正に直接つながるものとしては，2008年以降の都区のあり方検討委員会，児童相談所のあり方等児童相談行政に関す

表3-4　特別区の児童相談所設置をめぐる動向

1986年2月19日		「都区制度改革の基本的方向」の中で，児童相談所に関する事務の移譲を都区で合意．
1990年9月20日		第22次地方制度調査会「都区制度の改革に関する答申」の中で，「都区制度改革の基本的方向」に掲げられている事項については，概ねその方向で移譲すべき旨言及．
1994年9月13日		都と国との折衝で「移管が困難と判断される事務（政令指定都市の事務等）のひとつ」として，児童相談所の移管を断念．
2008年6月26日	都区のあり方検討委員会	児童相談所設置などに関する事務について区へ移譲する方向で検討することで一致．
2010年6月29日		児童相談所のあり方について，他に先行して実務的な検討の場を設け，移管するとした場合の課題とその解決策，都区の連携のあり方について議論を進めることを区から都に申入れ．
2011年1月19日		都から，児童相談所の問題は，緊急を要するということで，できるだけ早く検討体制等を都区の間で調整して，実務的な課題の整理から始めることを確認しているので，ぜひその方向で，やっていきたいとの表明．
2011年12月19日		児童相談所行政のあり方について，都区が協力し，都区間の連携や体制等を幅広く検討すべき課題となっており，都区のあり方検討委員会とは切り離して，今後の検討の進め方等について都区間で協議し，別途整理していく必要があると確認．
2012年2月13日	児童相談所のあり方等児童相談行政に関する検討会	児童相談所のあり方等児童相談行政に関する検討会を設置．原稿の役割分担の下での課題と対応策および児童相談行政の体制のあり方について検討を開始．
2013年1月18日		現行の役割分担下での課題と対応策について，部会の検討結果を確認．都から，体制の議論にあたっては，区が児童相談所を担う場合の具体的なイメージが必要との発言．
2013年3月12日		「義務付け・枠付けの第4次見直しについて」（閣議決定）の中で，「児童相談所の設置権限の特別区への移譲については，第30次地方制度調査会の審議状況，東京都と特別区の協議の結果を踏まえつつ，検討を行う」と記述．
2013年6月25日		第30次地方制度調査会の「大都市制度の改革及び基礎自治体の行政サービス提供体制に関する答申」の中で，「都から特別区に移譲すべき事務としては，例えば児童相談所の事務などが考えられるが，専門職を適切に確保する等の観点から小規模な区の間では連携するといった工夫を講じつつ，移譲を検討すべき」と記述．
2013年11月15日	特別区長会	区側で検討した「特別区児童相談所移管モデル」を了承．都に検討の再開を申入れ．
2014年5月28日	児童相談所のあり方等児童相談行政に関する検討会	都が「特別区児童相談所移管モデル」に対する見解を提示（「特別区には，児童福祉司等の専門職になり得る人材や業務ノウハウがなく，移管することが現行体制と比べて最善の方法であるか判断できない．先行うべきことは，現行体制を強化することである」との内容）．
2015年1月30日		「平成26年の地方からの提案等に関する対応方針」（閣議決定）の中で，「児童相談所の設置権限の特別区への移譲については，東京都と特別区の協議状況を踏まえつつ，協議が整った場合には，その結果に基づいて必要な措置を講ずる」と記述．
2016年3月10日		社会保障審議会児童部会の「新たな子ども家庭福祉のあり方に関する専門委員会報告（提言）」の中で，「原則として中核市及び特別区には児童相談所機能をもつ機関の設置を求め，財政的負担が大きいことや専門職の確保の困難さから設置をためらうことがないよう，国及び都道府県は中核市及び特別区の人的・物的基盤を積極的に援助する必要がある」と記述．
2016年3月29日		国は，「政令で定める特別区は，児童相談所を設置するものとする」という改正を含めた「児童福祉法等の一部を改正する法律案」を閣議決定．同日に国会へ提出．
2016年5月27日		「児童福祉法等の一部を改正する法律」が成立し，政令で定める特別区が児童相談所を設置することが可能に．
2016年11月28日	特別区長会	正副会長等が都副知事と面会し，児童相談所の設置が円滑に進むよう，支援と協力を要請．
2016年12月14日		都が，2～3区の児童相談所設置計画の確認作業を先行して行うことにしてはどうかという「特別区の児童相談所の設置計画について（確認の進め方）（案）」を提示．
2017年2月16日	特別区長会	都から提示された「特別区の児童相談所の設置計画について（確認の進め方）（案）」への対応について，世田谷区，荒川区，江戸川区の3区をモデル的確認実施区として，計画案の確認作業を開始するとともに，確認作業とは別に，都と設置希望区全体との協議の場を要請することを確認．
2017年6月7日		世田谷区・荒川区・江戸川区の「児童相談所設置計画案のモデル的確認作業」がスタート．
2019年8月22日		「児童福祉法施行令の一部を改正する政令」が閣議決定．世田谷区および江戸川区が児童相談所設置市に指定される．
2019年8月27日		「児童福祉法施行令の一部を改正する政令」が閣議決定．荒川区が児童相談所設置市に指定される．
2020年4月1日		世田谷区および江戸川区が児童相談所を設置．
2020年7月1日		荒川区が児童相談所を設置．
2021年4月1日		港区が児童相談所を設置．

（出所）特別区協議会［2017］に一部加筆修正．

る検討会，特別区長会といった場での議論がある．都区のあり方検討委員会は，都区のあり方を根本的かつ発展的に検討するために設置されたもので，都および区の代表者により構成されている．この場は，① 都区の事務配分に関すること，② 特別区の区域のあり方に関すること，③ 都区の税財政制度に関すること，④ 前各号のほか，都区のあり方に関して検討が必要な事項を議論することとされており，都区制度全般について両者が協議する場となっている⁷⁾．当初は，この都区のあり方検討委員会で，特別区における児童相談所の設置も議論されていたが，2012 年に都区の実務者から構成される児童相談所のあり方等児童相談行政に関する検討会が設けられ，他の政策課題とは異なる場で議論がなされていった．この検討会で実務的な対応策が検討され，一方で，特別区長会が副知事と面会して支援と協力を要請するなど，行政の実務のレベルにくわえ，政治レベルでの協議や調整もあって，児童福祉法の改正とその結果としての特別区の児童相談所設置市指定へとつながっていった．

この期間には多様な観点から，現状の課題や特別区による児童相談所設置の長短が検討された．2013 年に区側がとりまとめた「特別区児童相談所移管モデル」では，現行体制の課題について，① 相談件数や困難事例の増加等により，児童福祉司が不足している，② 一時保護所の定員が不足している，③ 児童相談所と子ども家庭支援センターの狭間に落ちるケースがある，④ 通告・相談先が 2 カ所あるため，わかりにくい，⑤ 二元体制により，時間のロスと認識に温度差が生じることが指摘されている．そして，このような課題に対応すべく，各区に児童相談所を設置し，また児童福祉司・児童心理司の配置充実，一時保護所の定員拡充が必要であるとした．このうち，特に各区による児童相談所の設置については，① 児童相談体制の充実強化，② 責任や窓口の明確化，③ 一貫した支援体制の構築，④ 総合的なアプローチの実施，⑤ 地域全体による見守り体制の充実といった観点から，重要な意義をもつものであると整理されている．

このほかにも特別区協議会の研究会では，都区の児童福祉行政における諸課題と今後の対応等に関する議論のなかで，特別区による児童相談所設置の長短を検討している．まず，特別区が児童相談所の設置主体となることについては，ケースの内容に関わらない一貫した支援の迅速な実施，区が保有する情報や地

域の関係団体等と連携した総合的な支援が行えることを指摘している. この点
について, 行政学者の鈴木潔は,「東京都から特別区に児童相談所を移管する
ことは, 都と区の政府間関係においては児童虐待防止行政を区に一元化するこ
とを意味する. しかし, それと同時に, 特別区が児童相談所を設置することは,
地理的に近接した児童相談所と区内関係機関 (学校など) の水平的な連携の強
化が期待されている」[鈴木 2019 : 28] として, 特別区による児童相談所設置の
意義と児童相談行政のあり方を論じている.

　一方で, 同研究会では, 特別区による児童相談所設置が実現した場合に想定
される課題も提示している. すなわち, 第1に特別区の規模の差異 (5万人
～90万人), 第2に慢性的に定員不足の状態となっている一時保護所の配置運
営, 第3に専門性のある人材の確保, 第4に人員体制の確保, 第5に偏在する
児童福祉施設 (乳児院, 児童養護施設, 児童自立支援施設等) に対する社会的養護の
充実といった課題である.

　これらの想定される課題については, 可能な限り児童相談所設置以前に対応
策が講じられていることが望ましい. 実際, 新宿区では, 当初 2021 年 4 月の
児童相談所設置をめざしてきたが, これを当面延期することを発表した. 今後,
最低 3 年程度の延期が必要であると想定されている. これは, 2019 年 4 月 1
日施行の児童福祉法施行令が求める職員配置基準に基づく人材確保が困難なた
めであるという. 新宿区では, 児童相談所の設置にあたって, 東京都, さいた
ま市, 横浜市等に職員を派遣し研修等を行ってきたが, 新配置基準で必要とさ
れる専門職 (具体的には児童福祉司および児童心理司) を確保することが困難なため,
設置期日を延期する決断に至った.

　児童相談所における専門職の確保や職員体制の構築は, 既設の児童相談所に
おいても重要かつ深刻な課題となっている. 特別区としては, 児童相談所の設
置を都区間の重要な政策課題と位置づけ, 法改正によりその途が開けたことに
なるが, 当然のことながら児童相談行政は児童相談所の設置をもって完結する
ものではない. 設置した児童相談所が所期の目的を達成できるよう, 必要な運
用上の工夫を行うことが求められよう.

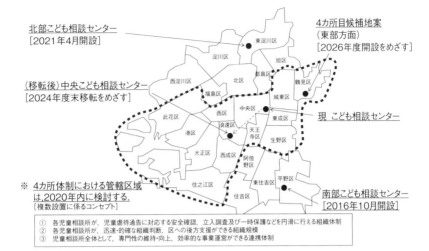

図 3-1　4カ所体制におけるこども相談センターの位置図（大阪市）

（出所）大阪市こども相談センター[2019:3]を一部修正.

（3）「大阪都構想」と児童相談所

　先に述べた東京の特別区以外に, いわゆる「大阪都構想」でも児童相談所の位置づけが議論の対象となった. そこで, ここからは, 大阪における児童相談所の設置についての法制度と運用上の課題を検討することとしたい.

　まず確認しておくべきことは, 都区制度と児童相談所の設置には, 直接の関係性はないという点である. 指定都市である大阪市は, すでに2つの児童相談所を設置しており, 特別区への移行後には各区に児童相談所が設置されるため, 現大阪市域に4つの児童相談所が設置されることが予定されている（図3-1）.[11] しかし, 3つ目の児童相談所の設置は2021年4月の予定であり, 2025年7月1日の特別区の設置予定日よりも早い時期とされた. 児童相談所は, 特別区制度を採用するから（現大阪市内に）複数設置できるようになるものでもなければ, 特別区の設置前に必ず開設しておかなければならないものでもない. すでに指定都市である大阪市にとっては, 大都市制度をはじめとする地方自治法制に手をつけることなく, 必要な児童相談所を自ら設置することができたのである. 大阪市と同様に指定都市である横浜市が, すでに4つの児童相談所を設置して

いることからも分かるように，現行の大阪市であっても必要に応じて市が判断し，手続きを踏めば，さらに多くの児童相談所を設置することも可能である．また 2020 年の住民投票で「大阪都構想」が否決されたのちにおいても，児童相談所 4 カ所体制の方針は維持されており，「大阪都構想」と児童相談所設置については，特別な制度的な関係が存在しないことは明白となった．

　東京における特別区の児童相談所設置をめぐっては，前述したように慎重な検討を重ねた結果，22 区が児童相談所を設置し，1 区は独自には設置しないという方針を表明している．市区が自ら児童相談所を設置するメリットは十分にあるものの，児童相談所の設置自体によって児童虐待がなくなるわけでもなければ，児童の心身の健やかな育成が実現されるわけでもない．検討結果としての児童相談所の設置／不設置は，各市区がさまざまな事項を考慮して判断したことであり，むしろこの検討過程自体が重要であるともいえる．

　本章では，全国の中核市や特別区は一律に児童相談所を設置する必要はなく，個別の市区の事情を多角的かつ主体的に検討すべきであるという立場をとるが，児童相談所の数ではなく，子どもをはじめとした地域住民に対してどのような行政サービスを提供できるかが課題となる．都道府県設置の児童相談所と緊密な連携関係を構築できており，また必要な対応が取れているのであれば，この安定した関係を継続・発展させることの方が住民福祉に適うことといえよう．このような観点からみれば，もし大阪に特別区を設置することになったとしても，当面は現行の児童相談体制を維持し，一定期間経過後に各区が必要であると判断すれば，その際に個別に政令による指定を受けて児童相談所を設置することが適当であったのではないか．

　図 3−1 にあるとおり，「大阪都構想」における児童相談所の複数設置に係るコンセプトは，①「各児童相談所が，児童虐待通告に対応する安全確認，立ち入り調査および一時保護などを円滑に行える組織体制」，②「各児童相談所が，迅速・的確な組織判断，区への後方支援ができる組織規模」，③「児童相談所全体として，専門性の維持・向上，効率的な事業運営ができる組織体制」であるとされている．

　児童相談所 4 カ所体制になると，各児童相談所の所管区域の人口は概ね 30 万〜40 万人となる．従前と比べて所管区域の人口規模が小さくなり，より地

域に密着した活動ができるようになる可能性がある一方，現大阪市が児童相談所運営のノウハウを有しているとはいえ，現行組織との規模の差異は大きく，組織運営に関する知見やノウハウをそのまま当てはめることは容易ではない．新たに設置される各児童相談所においては，同規模の中核市や特別区が設置する児童相談所における組織運営のノウハウを活用することも必要となろう．

第3節　児童相談所の設置をめぐる課題

（1）都道府県との基本的な役割分担

ここまで，基礎的自治体における児童相談所の設置について，法制度の動向と東京および大阪における諸議論を整理してきた．児童相談所の設置主体となりうる中核市や特別区のうち，現時点でこれを設置している市区は決して多くはない．そこで，上記の検討を踏まえ，中核市または特別区が新たに児童相談所を設置しようとする場合に，いかなる課題を検討すべきであるのかを整理したい．

まず，基本的なものとして，都道府県との役割分担をどのように考えるべきかという課題がある．児童相談所については，指定都市を除けば，希望する中核市または特別区が手を挙げない限り，都道府県が設置する児童相談所が当該市区のエリアも担当することになる．この場合，児童相談所を設置しない市町村は，児童相談所の設置や運営に係る経費負担，児童相談所における専門職の確保や育成といった課題に対応する必要はない．

一方で，都道府県よりも住民に身近な基礎的自治体としての中核市や特別区が自ら児童相談所を設置し，児童虐待防止を含む児童福祉施策に積極的に取り組むことは，地域住民の生活にとって大きな利点となりうる．設置に当たっては，国や都道府県から必要な支援や援助を受けることも可能ではあるが，児童相談所設置の意義をどのように理解し，どのような方法で安定的かつ持続的にニーズに対応していくかについては，設置主体となる中核市や特別区が，地域の実情，行財政や人材確保・育成の見通し，想定される業務量，関係機関との連携状況といった多角的かつ主体的に検討する必要がある．

ここで強調しておくべきことは，全国の中核市や特別区は一律に児童相談所

を設置する必要はないということであろう．児童相談所の業務は，しばしばメディアにニュースとして取り上げられるように，子どもの生命と身体の安全に直結しうるものである．実際の法制度が希望する中核市・特別区で児童相談所を「設置できる」としているように，十分な運営体制確立の見通しが立っていないまま新たな児童相談所を設置することは，結果として悲惨な事件や事故を招くことにもなりかねない．児童相談所設置市に手を挙げる中核市や特別区にあっては，地域住民の理解を得たうえで，専門家の知見を活用しながら，実証的なデータに基づく検討を行い，庁内の準備体制整備や都道府県との協議に望む必要がある．

（2）専門職の確保と育成

　本章でたびたび指摘したように，新設・既設を問わず，児童相談所においては，児童福祉司や児童心理司といった専門職の確保と育成が課題になっている．金沢市児童相談所の所長を務めた経験を有する川並利治は，児童相談所の人材不足について，「人材不足及び人材育成は全国の児童相談所の課題でもある．首都圏や大都市圏では，配置基準を満たすべく人材獲得競争が起こり，自治体間での人材の引き抜きや取り合いが起こっている」[川並 2020：87]ことを指摘している．児童福祉の向上のための配置基準が，むしろ自治体間での人材をめぐる競争を加熱させ，その結果として人材不足に悩む児童相談所が出てきているとしたら，国の施策にも大きな課題があるというべきかもしれない．

　また，2019年6月に改正された児童虐待防止法では，児童相談所の「介入」に従事する職員と「支援」に従事する職員を分けることも求めている．これにより，小規模な児童相談所では，必要な人材の確保がより深刻な課題となることが予想される．この点については，大学等の教育機関による人材育成に期待することのほか，児童相談所の設置主体である都道府県や市区においても計画的な人材の確保・育成のための取組みが求められよう．

　人材の「量」の確保も重要であるが，一方の「質」についてもこれをどのように担保するかは重要な課題である．下山憲治は，「専門性が必要となる児相人員の急激な増加は『質の低下を招く』おそれがあり，相応の時間が必要となること，そして，専門性を高めるためには財政的な裏付けも必要となる」[下

山 2020：56］と指摘している．また，児童養護施設職員や児童相談所の児童福祉
司として勤務した経験を有する川松亮は「虐待対応で疲弊しがちな現在の児童
相談所では，異動の周期が短く，なかなか経験が蓄積できないということが課
題である」［川松 2020：71］と，児童相談所の現場での経験やノウハウの蓄積も
課題となっていることを指摘している[12]．

　これらの人材不足・人材育成上の課題は，必ずしも児童相談所に限った指摘
ではなく，程度の差はあれ自治体行政全般に共通していえることでもある．そ
のようななかでも，児童相談所の場合，専門職の必要性，子どもの生命・身体
の安全に関わるという業務の性質からしても，とくに考慮すべき課題であると
いえよう．

（3）庁内および庁外のネットワーク構築

　日常の情報共有の重要性もさることながら，実際に児童虐待が疑われる事案
に対応する場合においても，児童相談所と関係諸機関との連携や協力が必要と
なる．柏女霊峰は「児童相談所と市町村とのキャッチボール，学校と福祉機関
との連携不足による子どもの死は，枚挙にいとまがない」［柏女 2013：104］と指
摘している．中核市や特別区が児童相談所の設置に手を挙げる場合，市区の保
健福祉行政一般と児童相談所との連携がとりやすくなることを強調することが
少なくないが，市区が児童相談所を設置したとしても，すべての連携に関する
課題が解決するわけではない．

　新設の児童相談所の場合には，既存の枠組みを活かしながらも，新たなネッ
トワークの構築が求められることになる．まず市区行政の庁内的には，設置し
た児童相談所の機能を最大限発揮するためにいかなる部門が主な連携先となり
うるかを洗い出す必要があろう．福祉・保健部門や教育委員会は当然のことな
がら，地域コミュニティに関する市民部門や市営住宅を所管する部門等もこの
ネットワークに関われる制度設計が求められる．庁外的な連携としては，警察，
社会福祉協議会，民生委員・児童委員をはじめとして，地域により密着した
ネットワークを構築する必要があるといえよう．

第 4 節　大都市制度改革と児童相談所

　本章では，基礎的自治体としての市区が児童相談所を設置することの意義について検討を行った．児童福祉法の改正により，中核市や特別区が児童相談所を設置することが可能となったが，特別区は概ねこれに積極的な方針を表明しているのに対し，中核市では具体的な検討に着手している事例は多くない．法律上の設置義務のない市区が児童相談所を設置することには，当該市区の他の児童福祉部門との連携により，子どもに関する一貫した施策を展開することが可能になる一方で，専門職の確保や庁内外の新たなネットワークの構築などにおいて，課題を乗り越える必要もある．

　当然のことながら，児童相談所の増設や設置主体の変更それ自体は，児童相談所が対応すべき課題の根本的な解決をもたらすものではない．重要なのは，児童虐待を防止するためにどのような取組みが必要であり，またこれを実現するためにはどのような行政の組織・職員体制を整備するかということである．現状や課題に根ざさない施策や組織は，複雑化・多様化する地域課題に対応することはできない．市区による児童相談所の設置は，この過程において検討されるべき方法の 1 つとして位置付けられるべきであろう．

　児童相談所の新設や設置主体の変更については，既設の児童相談所における組織運営のノウハウを活用，専門職を中心とする人材の確保・育成，新たな庁内・庁外のネットワーク構築について総合的かつ多角的な視点からの検討が必要となる．今後の児童相談所をめぐる議論においても，これらの課題について十分な議論と検討がなされ，地域住民の福祉に資する児童福祉行政が展開されることを期待したい．

注
1）児童虐待防止をめぐる多機関連携については，鈴木[2019]に詳しい．
2）厚生労働省子ども家庭局長「児童相談所設置に向けた検討及び児童相談所設置自治体の拡大に向けた協力について（依頼）」（2018 年 7 月 20 日 子発 0720 第 6 号）を参照．
3）練馬区では，「区児童相談所の設置は児童虐待防止の根本的な問題の解決にはなりません．親子分離等必要な重篤なケースは，施設入所など広域的な対応や専門的な対応が

必要です．そして，親子分離等の法的措置と，地域における子どもや保護者に寄り添った支援というのは，同一機関が行ってもうまくいきません．そういった児童相談行政の全体といったところを見越して，きちんと対応を考えるべきだと考えてございます」（練馬区議会令和 2 年 2 月 28 日予算特別委員会でのこども施策企画課長の答弁）として，直ちに区として児童相談所を設置すべきとは考えていないとしている．

4）一方で，中核市市長会では，「児童相談所の設置については，都道府県の児童相談所の取組状況，県・市の明確な役割分担による連携状況，子ども家庭総合支援拠点の設置状況などを踏まえ，中核市への一律義務化ではなく，地域の実情に応じて対応していきたい」（中核市市長会提言書（2019 年 11 月 12 日採択）pp. 9-10）として，中核市への児童相談所設置の一律義務化には反対している．これは，児童相談所の人材確保と育成，運営財源，事務負担の増加等に対する中核市の懸念の現れであるといえよう．

5）狛江市議会令和 2 年第 1 回定例会における市参与の答弁．

6）これにより，大阪に特別区が設置された場合にも，各特別区が個別に政令で児童相談所設置市の指定を受けることで，児童相談所の設置を行うことが可能となった．

7）このほか，都と特別区との協議・調整の場としては，法律上の根拠を有するものとして「都区協議会」も制度化されている（地方自治法 282 条の 2）．

8）特別区協議会[2014：33-34]を参照．

9）特別区協議会[2014：34-35]を参照．

10）2019 年 9 月 10 日に実施された区長による定例記者会見による．同会見の要旨は，http://www.city.shinjuku.lg.jp/kucho/message/20190910.html（2020 年 7 月 1 日閲覧）を参照．

11）大阪市こども相談センター[2019：3]を参照．

12）児童相談所での勤務経験を持つ安部計彦は，「全国の児相において，児童虐待の通告は急増しており，児童福祉司，心理判定員，一時保護所指導員と，どの職種も対応の困難さと業務量の増加に圧倒されている．その中で，病気に倒れたり強く異動を訴える職員も多く，児相の職員の疲労は限界に達している」[安部 2001：36]として，児童相談所の実態を述べている．

参考文献

安部計彦[2001]「児童虐待防止における児童相談所機能の展望」，岡田隆介編『児童虐待と児童相談所——介入的ケースワークと心のケア——』金剛出版．

大阪市こども相談センター[2019]「こども相談センターの概要資料」．

柏女霊峰[2013]「子ども虐待防止と支援の課題——実践を通して感じること——」『マッセ OSAKA 研究紀要』16．

川並利治[2020]「新たな自治体の児童相談所設置に係る検討課題」『都市問題』111（7）．

川松亮[2020]「児童相談所が担う役割とは何か」『都市問題』111（7）．

下山憲治[2020]「児童虐待防止対策強化を図るための児童福祉法等の一部を改正する法律について」『自治総研』497．

鈴木潔[2019]「児童虐待防止――多様な連携方式の創出――」，伊藤正次編『他機関連携
　の行政学――事例研究によるアプローチ――』有斐閣.

特別区協議会[2014]「特別区制度研究会報告書第 3 期」.

――――[2017]「児童相談所移管の具体的課題参考資料」.

中核市市長会[2019]「中核市市長会提言書（令和元年 11 月 12 日採択）」.

西澤宏行[2005]「横須賀市における児童相談所設置の意義と課題」，横須賀市都市政策研
　究所編『政策研究よこすか』8 .

（黒石　啓太）

第4章
大都市とコミュニティ政策

第1節　地域コミュニティの困難

　日本の大都市ではこれまで，しばしば「コミュニティの再生」が叫ばれてきており，現在もその状況に変化はない．他方で，自治会・町内会は加入率が年々低下し，役員の交代も進まずに彼らが高齢化し，活動の担い手不足に陥っている現実がある．すでに，農山漁村部の自治会・町内会が解散する例もみられるようになってきたが，今後は大都市においても同様のうごきが発生しうるといえよう．

　こうした事態が現実化するのを回避しようと，大都市の自治体行政もさまざまな形態によってコミュニティ政策を展開している．そこでの事業内容としては，自治会・町内会に対する活動補助，あるいは役員向けの研修会やワークショップの開催などがあげられる．もっとも，このような各種のコミュニティ関連事業を実施してもなお，依然として上記のような困難な状況を打開できる見通しは立っていない．

　日本の地域コミュニティの典型的なかたちといわれる自治会・町内会は，経済的・社会的な変化によって自らの存在意義が問われ，今日では存続そのものが困難な状況に陥っている．こうした状況を打開するために，大都市の自治体行政は上記のとおり活動補助や人材育成の形態で（広義の）コミュニティ政策を実施しているが，困難な状況を打開できるか否かは不透明なままである．ここに，問題の所在を求めることができる．

　そうであるならば，今後においては，地域コミュニティとしての自治会・町

内会の運営や活動が，今日の経済的・社会的な変化に適応できるように，コミュニティ政策そのものの性格や内容を問いなおしていく必要がある．同時に，従来からの「補助金配分型コミュニティ政策」以外の選択肢を広く構築していくことが求められる．その結果として，不参加の地域住民や未加入の地域住民からの関心が高まり，時代の変化に即したかたちで自治会・町内会の活動が存続できるようになる，という展望も描けよう．

　このように本章の問題意識は，大都市においても，今日の経済的・社会的な変化に相応しいコミュニティ政策のあり方が問われているのではないか，という点にある．そこで，本章では「多元化するコミュニティ政策にはいかなる形態があり，それらは大都市の地域コミュニティの現場でどのような成果をあげているのか」という問いの答えを探る[1]．以下ではまず，コミュニティ政策の内容を把握し，先行研究を概観して分析枠組を提示する．続いて，多元化するコミュニティ政策の事例として，「地域診断促進型コミュニティ政策」「人的支援型コミュニティ政策」の動向をみていく．そのうえで，今後の展望を示したい．

第 2 節　コミュニティ政策とは

（1）コミュニティ政策の変遷

　学術研究においても，自治体行政の現場においても，しばしば「コミュニティ政策」の文字を目にするが，その内容は多岐にわたり，明確な定義づけがなされているわけではない．例えば，仮に「地域コミュニティを対象とする政策」として理解する場合，戦前に自治会・町内会を国家体制の一部に包摂した「部落会町内会等整備要領」（内務省訓令第 17 号）は，コミュニティ政策としてとらえられるのか，が問われよう．あるいは，戦後直後の 1947 年に，GHQ が町内会の解散を命じた「ポツダム宣言の受託に伴い発する命令に関する件に基く町内会部落会又はその連合会等に関する解散，就職禁止その他の行為の制限に関する政令」（ポツダム政令第 15 号）はコミュニティ政策に含まれるのか，も問われうる．

　この点については，そもそも「地域コミュニティとは何か」という問題も関わってこよう．ただ，学術研究や国・自治体行政の動向をみていると，少なく

とも戦前および戦後直後の動乱期に，当時の自治会・町内会に対して何らかの統制や命令を出すことを，コミュニティ政策として位置づける場合は多くない．そうであるならば，コミュニティ政策は高度経済成長期に入った段階で，「日本でこれから，新たにコミュニティをどのように形成していくのか」が問われた時期から始まったとみて差し支えないだろう．

　多くの学術研究において，日本のコミュニティ政策の起源は，国民生活審議会調査部会コミュニティ問題小委員会による報告の公表にあるといわれる．この委員会が1969年9月に，『コミュニティ──生活の場における人間性の回復──』という報告を公表し，このなかでコミュニティを「生活の場において，市民としての自主性と責任を自覚した個人および家庭を構成主体として，地域性と各種の共通目標をもった，開放的でしかも構成員相互に信頼感のある集団」[国民生活審議会調査部会編 1969：2]と定義した．この報告を起点に，コミュニティへの関心が高まり，その後は主に当時の自治省が主導して，3度にわたり全国的なコミュニティ地区施策を展開していくことになる．それが，モデル・コミュニティ地区施策（1970年代），コミュニティ推進地区施策（1980年代），コミュニティ活性化地区施策（1990年代）であった．

　これらの主な内容は，自治省として，全国の自治体で先駆的に活動する地域コミュニティを対象地区に位置づけ，ここに施設整備やイベント開催等の費用補助を行う，あるいは活動に有益な情報を提供するという形態が中心だった．そのため，「コミュニティ施設の整備や，それを管理運営する委員会の設置を進めただけにとどまり，新しい住民活動の芽が出る機会に乏しく，行政システムそのものの見直しには至らなかった」[森岡 2008：274]などの指摘もみられる．

　ともあれ，こうした自治省による一連のコミュニティ地区施策の展開過程において，全国の自治体の現場で活動の中核を担ったのは，結果的に多くの場合，自治会・町内会であった[横道 2009：5]．たしかに，国民生活審議会の報告では，これまでの反省をふまえて，自治会・町内会に代わる新たなコミュニティづくりをめざしていた部分もある．しかし，現実にはコミュニティ地区施策の展開を地域社会の現場で担う主体は，日ごろから親睦・環境美化・防犯・防災・福祉など多面的に活動する自治会・町内会とならざるを得なかった．

　なお，2000年代に入ってからも，総務省は地域コミュニティのあり方を検

討する研究会を立ち上げ，報告書を公表している［大藪 2019：9-13］．そのなかでは，地縁組織と市民活動団体との連携による「地域協働体」の創設など，将来的な方向性が看取される．その後においても，2010 年代には新たにいわゆる地域運営組織の検討などが主眼となり，まち・ひと・しごと創生総合戦略においても 5000 団体の創設という目標数値が掲げられている．

（2）コミュニティ政策の意味内容

　それでは，本章が扱うコミュニティ政策とは，具体的に何を意味するのか．ここではその外郭を示すねらいで，「どこで」「どのように」「なにを／なにの」「だれが／だれに対して」「なぜ」「いつ」に即して整理しよう．

　このうち，「どこで，コミュニティ政策を展開するか」という「場所」に関してみると，そもそも「コミュニティ」の要件には，「地域性」と「共同性」の 2 つがある．そのため，コミュニティにとって活動する場所は，極めて重要な要素となる．日本の場合，上記で触れた国民生活審議会の報告でも，3 度にわたる自治省のコミュニティ地区施策でも，小学校区が主な範域であった．もちろん，例えば愛知県豊田市のように，中学校区ごとでコミュニティづくりに尽力してきた自治体もあり，また平成の大合併によってコミュニティの範域が変容した自治体も見受けられる．それでも，多くの場合は依然として，小学校区が地域コミュニティの基本的な範域と位置づけられている．

　続いて，「どのように，コミュニティ政策を実施していくか」という「手法」については，公共政策学における「政策手段」が参考になる．北山俊哉によると，公共政策の具体的な手段としては，「直接供給」「直接規制」「誘引」「その他（啓発）」があるという［北山 2020：84-101］．コミュニティ政策に関しても，こうした政策手段を用いて，自治体現場で実施していくことになる．ただし，「直接規制」がコミュニティ政策に含まれる場合は多くない．

　それでは，「なにを，コミュニティ政策として実施していくか」という具体的な「内容」としては，どのような形態があるのか．この点について，日本都市センターの報告書が手掛かりを与えてくれる．この報告書によると，コミュニティ支援策の選択肢として「助成等の活動資金支援」「活動拠点施設の提供」「活動に必要な物品の提供」「人材育成研修など地域活動の中心となる人材の育

成」「地域外部の専門家の活用」「総合的な地域コミュニティ活動担当窓口を設置」「地域担当職員制度を導入」「地域コミュニティの事務局運営の支援」「年に数回テーマ型・地縁型の各地域活動団体が交流する機会を設けている」「その他」がある［日本都市センター 2014：178］．これらはいずれも，今日のコミュニティ政策の形態（事業レベル）としてとらえられる．

　関連して，「なにの領域で，コミュニティ政策を実施するのか」という「領域」に関しては，明確な線引きは決して容易でない．コミュニティ政策が対象とする領域は，親睦活動のみならず，地域防災，地域防犯，環境美化，地域福祉，子育て，教育などあらゆる分野に及ぶ．実際に，自治会・町内会の活動領域をみると，これらの多くに取り組んでおり，こうした包括性が NPO をはじめとする市民活動団体との活動原理の違いともいわれる．

　「だれが／だれに対して，コミュニティ政策を行うのか」という「主体／客体」については，上記で日本のコミュニティ政策の変遷を把握したように，かつてはコミュニティ政策の中心的な主体は国や自治体行政であった．しかし，公共政策や都市政策と同様に，コミュニティ政策でも主体が多様化している現実がある．例えば，自治会・町内会がコミュニティセンターの指定管理者として各種サービスを担う場合も看取される．

　また，コミュニティ政策の客体に関しても，これを明確にするのは容易でない．もちろん，上記でみた小学校区や中学校区という一定の範域で居住し，自治会・町内会に加入する者を客体に位置づけることは可能である．しかし，冒頭で触れたとおり，今日では自治会・町内会の加入率の低下が続いており，加入者以外をどのように扱うのかが問われることになる．こうしたなかで，今日では連合自治会とは別に，新たな地域コミュニティの枠組みを構築する自治体も登場している．例えば大阪市では現在，市内の小学校区ごとに 326 の地域活動協議会を設置し，多様な活動を促している［三浦 2021：143-172］．ここには毎年，活動量に応じた補助金が配分されており，こうした試みは典型的なコミュニティ政策といえよう．

　さらに今日ではコミュニティ政策の客体は，大都市を中心にいっそう複雑な様相を呈している．例えば，外国籍住民の増加を背景に，地域社会で騒音問題やごみ出しトラブルが生じているが，彼らの多くは自治会・町内会に加入して

いない．この場合，コミュニティ政策の客体を自治会・町内会の加入者に限定すると，何ら対応がなされないことになる．コミュニティ政策の客体を自治会・町内会の加入者に限定すると，どうしても限界が生じる．

「なぜ，コミュニティ政策を実施するのか」という「目的」に関しては，地域コミュニティが抱える多様な課題を解決していく，という点がねらいとなる．あるいは，上記のとおり住民自身がコミュニティ政策を担っていく場合，担い手としての活動を通じて地域コミュニティへの意識や愛着を醸成していくねらいもあろう．もっとも，この点に関しては，コミュニティ活動そのものがあくまでも自主的な活動という性格ゆえに，何らかの強制力を働かせるのは困難である．そのため，コミュニティ政策を通じたコミュニティ活動の主体性の促進は，最も期待される目的ではあるものの，極めて困難という現実もある．

最後に，「いつ，コミュニティ政策を実施するのか」という「時機」については，さまざまなタイミングが考えられる．上記のとおり，外国籍住民の増加という地域社会の変容に伴って，新規事業が立ち上がる場合もあろうし，首長の交代によって地域コミュニティを対象とする施策や事業が増加することもある．とはいうものの，大半のコミュニティ政策は，長年にわたる自治体行政と自治会・町内会との相互補完の関係のなかで形成されてきたものが大半だろう．また，実際にはコミュニティ政策の効果測定が容易でない．例えば，補助事業の一環として，ある地域コミュニティに対して，イベント用の折り畳みテントの購入費用を助成した場合，これがどれほどの効果をもたらしたのかを測定するのは，極めて困難といえる．この点でいうと，コミュニティ政策は何らかの期限を区切って実施されるよりも，事業の見直しなどの機会がない限りは継続する性格が強い．

ただし，地域コミュニティに関連する施策や事業の見直しには困難が伴う現実がある．コミュニティ政策の主な利害関係者は自治会・町内会の役員であり，自治体行政の側は彼らとの信頼関係を重視せざるをえない．とりわけ，補助事業に関しては縮小や廃止の方向性を打ち出した途端に，自治会・町内会の役員からは疑問の声が上がり，それが結果として首長の政治的基盤を揺るがしかねない場合もある．このようにみると，コミュニティ政策の見直しに際しては，自治体行政，とりわけ首長には相当の覚悟が求められるといえよう．

第3節　コミュニティ政策をめぐる議論と分析枠組

（1）コミュニティ政策の先行研究

　こうしたコミュニティ政策に関しては，すでに豊富な先行研究が看取される．例えば，上記で把握した国民生活審議会の報告や自治省のコミュニティ地区施策をめぐっては，当該地区のコミュニティづくりの推移とともに，モデル地区の現在の実態を明らかにした研究がみられる［山崎編 2014］．他方，同様に国民生活審議会の報告や自治省のコミュニティ地区施策を扱っているものの，当時の一連の政策は国家統治の一方策に過ぎず，安易に受け入れる姿勢には慎重であるべきであって，今後に求められるのは市民の自主性・主体性に根ざした今の時代に相応しいコミュニティ活動である，との指摘もある［広原 2011］．このようにみると，国民生活審議会の報告や自治省のコミュニティ地区施策に関しては，学術研究のなかでも多様な評価がある状況がうかがえよう．

　本章が扱う大都市の地域コミュニティに関していうと，例えば政令市においては，浜松市など一部では加入率が高止まりしているものの，全体的にはとりわけ 2010 年代から加入率の低下が著しくなっている，という指摘がみられる［澤田 2018：12］．なかでも，相模原市は 20 政令市のなかで最も加入率の割合が低水準となっている．こうした背景には，同市が東京のベッドタウンという性格ゆえに，身近な地域への帰属意識・地縁意識が低いという事情が推察されるという．加入率の問題については，東京都内の自治体では全国に比較して割合が低く，「東京問題」として捉えられるとの見方もある［日高 2021：2］．同時に，自治会・町内会としての行政協力の機能・役割が肥大化した今日において，そもそも自治会・町内会の原点とは何か，という本質が問われるべきといわれる．

　もちろん，これら以外の角度からコミュニティ政策の展開を扱った研究，特定の自治体に焦点を当てて一連のコミュニティ政策を検証した研究，諸外国のコミュニティ政策に注目してその実態を明らかにした研究，なども存在する．そのため，コミュニティ政策に関しては豊富な先行研究が存在しているし，また特定の学問分野のみではなく，社会科学（政治学，法学，経済学，社会学，社会福祉学など）と自然科学（都市計画学，建築学，工学，農学など）の両面から，研究

が進んでいることがわかる.

(2) 分析枠組と事例選択

　こうした先行研究の成果をふまえつつ,本章では図4-1の分析枠組に沿っ
て検討を進めたい.コミュニティ政策の担い手の多元化などをふまえ,コミュ
ニティ政策を事業レベルで整理すると,この図にあるとおり「金銭的性質-非
金銭的性質」の軸,および「自治体行政主導-地域コミュニティ主導」の軸と
いう2つから類型化することが可能である.このうち,従来の事業の中心は
「金銭的性質」かつ「自治体行政主導」の象限(A)のうち,「各種の補助金の
配分」であった.これは政策レベルでは「補助金配分型コミュニティ政策」に
相当し,自治体行政による地域コミュニティへの金銭的補助にあたり,地域コ
ミュニティが活動するうえで必要となるソフト面・ハード面での内容が含まれ
る.上記で触れた自治省のコミュニティ地区施策は,その典型といえる.

　もっとも,今日にいたっては,必ずしもコミュニティ政策の内容は「補助金
配分型コミュニティ政策」に限定されない.上記でコミュニティ政策における
事業レベルの「内容」を把握した際,活動資金の支援だけではなく人材の育成
や専門家の活用もあった.

　例えば,図4-1のBは「非金銭的性質」かつ「自治体行政主導」であり,
具体的な内容としては,活動環境の整備・支援,人材育成,情報提供,地域診
断,人的支援などがあげられる.このうち,例えば地域診断に関しては,先の
第32次地方制度調査会で小学校区程度の範域での地域カルテの作成が検討さ
れ,国主導でカルテづくりのうごきが始まる可能性がある.人的支援について
は,地域担当職員制度が広く知られているが,今日では後述する名古屋市のよ
うに地域サポート人材を配置する新たなうごきがある.

　また,図4-1のCは「金銭的性質」かつ「地域コミュニティ主導」であり,
自主財源確保の領域となる.具体的には,古くは神戸市でコミュニティセン
ターづくりのために試みられたコミュニティボンドの発行が当てはまる.これ
は,コミュニティセンターを建設するために縁故債を発行し,地区住民からの
資金提供を募るという内容で,全国から注目を集めた.近年では,コミュニ
ティビジネスの展開の具体例が豊富にみられ,またクラウドファンディングで

図4-1　本章の分析枠組

（出所）筆者作成.

地域コミュニティの活動資金を調達するうごきも看取される.

　最後に，**図4-1**のDは，「非金銭的性質」かつ「地域コミュニティ主導」であり，各種サービスの供給が該当しよう.そのほかでは，例えば支援人材確保があり，具体的にはプロボノワーカーによるコミュニティ支援があげられよう[2].具体的には，自治会・町内会の側で情報発信に悩みを抱え，ホームページを作成しようにもノウハウを持ち合わせていないなかで，プロボノワーカーがホームページづくりを支援するうごきがある.そのほかにも，さまざまな形態による地域活動への参加促進策も，この象限に該当する.愛知県豊川市のある町内会では，小学校の児童が地域活動に参加した際に，町内会の側で確認印を押印し，一定の数がたまると商店街で景品と交換ができる「ポジティブ・チケット事業」を展開した.こうした取り組みは，地域コミュニティ自身が各種団体と協働しつつ，中長期的に地域活動の担い手を増やしていく試みとして注目できよう［大杉 2019：86-87］.

　なお，実際にはいずれかの象限に区分しきれない場合も少なくない.そもそも，地域コミュニティによる各種サービスの供給（Dの象限）の原資の一部は，自治体行政からの補助金の場合が多くみられ，Aの象限とDの象限にまたがる.また，自治体行政が募集する協働型提案事業へと，地域コミュニティが応

じる場合も同様となる．このようにみると，現実のコミュニティ政策は複数の象限の内容を含みながら，展開していくことになろう．

　さて，本章では**図4-1**のうち，紙幅の都合からもBの象限に絞って検討を進める．なかでも，「地域診断」「人的支援」に注目し，「地域診断促進型コミュニティ政策」としてのコミュニティカルテの作成，および「人的支援型コミュニティ政策」としての地域サポート人材による支援，を取り上げたい．このうち，前者に関しては，先の第32次地方制度調査会での地域カルテ作成をめぐる議論の推移がある．そこで，本章では名古屋市の地区防災カルテについて検討し，他の自治体への示唆を提示したい．

　後者の地域サポート人材による支援については，名古屋市のコミュニティ・サポーターの活動に焦点を当てる．これは「補助金から補助人へ」という潮流のなかで，独自のコミュニティ政策の具体的な形態といえる．「補助金配分型コミュニティ政策」による金銭面での支援が有効な場合もあるが，補助金が途絶えると活動が衰退することも少なくない．こうしたなかで，金銭面での支援に代わる新たなコミュニティ政策の挑戦であり，検討に値しよう．

第4節　名古屋市におけるコミュニティ政策の展開

（1）コミュニティカルテの活用と課題

　コミュニティカルテに関しては，例えば小泉秀樹は「地域コミュニティの社会的・物的現状を，各種の統計情報や都市計画基礎調査の結果などをふまえて，冊子としてまとめて示したもの」［小泉 2017：828］と整理している．このとらえ方をみると，コミュニティカルテには，地域コミュニティの各種統計情報（人口，世帯数，高齢化率など），地域内で活動する各種団体の情報（団体名，活動分野，活動内容など）といったソフト面のデータが含まれることがわかる．同時に，地域コミュニティ内に点在する公共施設や学校，公園などの情報といった，ハード面に関するデータも包含することになる．

　また，コミュニティカルテは当該地域コミュニティの歴史や風土を記載することもある．この場合には歴史・伝統・文化に詳しい住民から聞き取りを行い，さまざまな証言をコミュニティカルテに載せていくことになろう．このように

みると，コミュニティカルテは各種の統計情報から得られる客観的なデータとともに，住民からの証言のような主観的なデータを含むこともあり得る.

　このようなコミュニティカルテについて，大杉覚は性格に応じて「身体測定型」「健康診断型」「診断治療型」「ケア・プラン型」の 4 タイプに区分する［大杉 2021 : 126-128］. このうち「身体測定型」は，当該地域の人口や世帯数のデータ，歴史や地形など客観的なデータを中心に整理した内容であり，基本形となる.「健康診断型」は，地域の問題状況や特定の問題関心に関わるデータなどをまとめたものとなる.「診断治療型」は，地域課題としてどのような内容があり，これまでどのような対応がなされ，現状はどのような状況になっているのかを整理したものである.「ケア・プラン型」は，実態としては地域計画に相当し，当該地域の将来ビジョンや目標，具体的な活動内容やそこに充当する費用などからなる行動計画の性格を帯びる.

　さて，コミュニティカルテは，もともと 1970 年代からいくつかの自治体が作成した経緯がある. 具体的には高知市や神戸市でのコミュニティカルテづくりがあり，その後に東京都三鷹市や川崎市など都市部に波及した. コミュニティカルテは当時，コミュニティづくりを進める前提として，まずは地域事情を丹念に整理する 1 つの手法として注目を集めた.

　それから 40 年以上が経過した現在，再びコミュニティカルテへの関心が高まっている. 今日では大都市を中心に，外国籍住民の増加をはじめ，地域社会はこれまでの状況と大きく異なってきている. 地域コミュニティには，こうした変化への対応も期待されるが，冒頭でみたように自治会・町内会そのものが持続困難な状況にある. そのため，何らかの運営改善が必要で，その第一歩として地域コミュニティの状況把握が要請される. 実際に，第 32 次地方制度調査会の中間報告では，「議論の材料となる重要な将来推計のデータをいわば，『地域の未来予測』として整理することが考えられる. その際，……一の市町村内において例えば小中学校区ごとに変化・課題の現れ方に違いが生じる地域では，市町村の区域を複数に分けて狭域でのデータを整理することも有用であると考えられる」との記述がみられる［第 32 次地方制度調査会 2019 : 10］.

　こうしたなかで，筆者は以前に別稿において，愛知県内の 54 自治体を対象として，コミュニティカルテに関するアンケート調査を実施したことがある

［三浦 2020：33-37］．この調査によると，54 自治体のうち 6 自治体でカルテづくりが行われている実態が分かり，同時に以下の 3 点が明らかになった．第 1 に，愛知県内でコミュニティカルテづくりを進めている自治体では，小学校区を対象範囲とする場合が多い点である．第 2 に，コミュニティカルテには有用性は見出せるものの，カルテそのものの作成や更新には多大な労力と時間を要する点である．すでにカルテを作成している自治体でも，継続という面では一定の困難を抱えている状況も把握された．第 3 に，作成したカルテの有効な活用策は模索段階にとどまっている点である．作成したカルテをどのように活用していくかは，カルテの存在意義と関わるが，現状においては各自治体の担当部署が試行錯誤していた．

　このようなコミュニティカルテをめぐる動向をふまえつつ，ここから名古屋市における地区防災カルテに注目して，カルテづくりの経緯や現在の活用状況についてみていきたい．名古屋市は 2022 年 1 月 1 日時点で人口は 232 万 3994 人，世帯数は 112 万 9314 世帯となっている．近年でも人口増加の状況が続き，中部圏における政治・行政・経済・産業などあらゆる分野での中心であり，日本の大都市の 1 つとして位置づけることができる．この名古屋市には市内に 266 の学区（おおよそ小学校区に相当する）があり，「学区中心主義」［中田 1990：152］といわれるように，学区が地域活動の重要な単位となっている．

　こうした学区と自治会・町内会との関係に関していうと，大半の学区には学区内で活動する自治会・町内会はもちろん，区政協力委員（名古屋市版の行政協力委員に相当），女性会，子ども会，PTA，消防団といった各種団体の関係者から構成される「学区連絡協議会」が存在する．この学区連絡協議会の場において，小学校区の地域活動（盆踊り大会，餅つき大会，バザー，敬老大会，成人式など）について協議・検討を重ね，運営を担うことになる．

　名古屋市では 2018 年度から名古屋市防災危機管理局が中心となって，この学区という単位ごとで地区防災カルテを整えている．周知のとおり，名古屋市では過去に伊勢湾台風（1959 年 9 月），東海豪雨（2000 年 9 月）などの風水害に見舞われ，また近年では南海トラフ巨大地震の発生が懸念されている．こうしたなかで，これまでも学区単位での消防団活動，あるいは学区主催の防災訓練などに取り組んできた経緯がある．他方で，既存のハザードマップは行政区ごと

に作成されており，範域も大きなことから住民からの共感が得られないという
事情があった[3]．そこで，範域をより狭小な学区単位とし，学区における防災の
あり方を検討するための素材として，学区ごとの地区防災カルテを作成し，今
後における地域防災力の強化を図ることになった．

　名古屋市によると，この地区防災カルテは「地域の地形，歴史，災害リスク，
防災活動状況など，防災に関連する情報を学区ごとにまとめたもの」であるとい
う[4]．その内容は，大きく「地域特性」「防災活動状況」の2つに区分される．
このうち，前者の地域特性には，地理的特性（面積，地形等），社会的特性（人口
統計，木造住宅密集地域等），災害の履歴，地域の歴史，災害リスク（各種ハザード
マップ等），指定緊急避難場所，指定避難所（配置，備蓄物資等）といった情報が
掲載されている．また，後者の防災活動状況については，防災意識，自助の取
り組み（家具固定，家庭内備蓄等），自主防災組織の状況，総合水防訓練，総合防
災訓練の実施状況，防災に関する講座・研修の実施状況，避難行動，避難所運
営に関する取り組みなどの情報が包含されている．このようにみると，名古屋
市の地区防災カルテは，学区の地域特性に関する各種情報とともに，防災とい
う特定テーマに関する各種データを集約している状況がうかがえよう．それゆ
えに，上述した大杉による地域カルテの区分でいうと，「身体測定型」と「健
康診断型」の性格を帯びていると判断できる．

　また，名古屋市の地区防災カルテで特徴的なのは，あえて空欄部分を残して
いる点である．というのも，空欄部分を学区の関係者が中心となって検討を重
ねることで，より住民生活に即した内容のカルテとなり，同時に一連の検討過
程を通じて，学区防災に関する彼らの主体性の醸成が期待できるからである．
実際に，地区防災カルテを活用し，学区防災のあり方の検討を開始した学区も
みられる．例えば，名古屋市南区の笠寺学区では，地区防災カルテを用いて住
民同士が学区防災のあり方を検討してきた．その結果として，地震や津波など
災害の中身しだいで，どこが安全な避難場所かを考えられるようになったとい
う[5]．

　もっとも，名古屋市内の学区で2018年度に地区防災カルテが整い，笠寺学
区のようにこれから検討を重ねようと少しずつ準備を開始した矢先，2020年
の上旬からは世界的に新型コロナウイルスが蔓延した．これにより，対面での

活動が基本であるゆえに，名古屋市内の学区も大きな制限を受けることになった．結果として，地区防災カルテを活用した学区防災力の強化に向けた取り組みが全市的に本格化するのは，しばらく先となる見通しである．実際に運用段階では，「カルテに記載されているデータをどう読み解くのか」「そのデータをどのように学区防災の取り組みの見直しや新規事業に活かすのか」「学区の側でカルテのデータを随時更新していくとすれば，誰が負担を担うのか」「地区防災カルテの存在を，学区内の住民にどのように周知していくのか」など，さまざまな課題も生じうる．そのため，今後の行政および学区には，地域防災カルテの存在を学区内で周知しつつ，住民自身が地域カルテを活かしていくための戦略づくりが求められよう．

（2）地域サポート人材の広がり

　本章ですでに確認してきたとおり，従来の主たるコミュニティ政策は「補助金配分型コミュニティ政策」であった．ただし，補助金が途絶えた途端に，地域コミュニティの活動が衰退する場合も少なくない．そこで，新たなコミュニティ政策として，全国の自治体で導入が進んだのが地域担当職員制度であった．
　地域担当職員制度とは，自治体内で区分された特定地域について，自治体職員が専任として担当し，職務上に位置づけるしくみに相当する［大杉 2021：64］．この定義からも，地域担当職員は地域コミュニティとの関わりが深く，地域コミュニティの活動を側面支援する役割が期待されていることがわかる．もっとも，今日では制度運用をめぐる課題も，しだいに顕在化し始めている［稲垣 2014：94-102］．単に「近隣自治体が導入したから，わがまちでも」という程度の認識で導入し，綿密な制度設計と運用段階のシミュレーションを欠いた結果，自然消滅してしまった事例も看取される．
　こうした状況のなか，新たな形態として注目されるのが，地域サポート人材による支援である．地域サポート人材は，近年に全国の農山漁村部で活躍する地域おこし協力隊や集落支援員に代表され，当該地域で地域おこし活動や住民生活の支援に取り組む［図司 2013：350-351］．従来のコミュニティ支援策の内容は金銭面での支援が中心だったなかで，地域サポート人材は人的支援となっている点に特徴がある．また，役割がコミュニティ支援に特化している点では，

主たる担当業務と兼務になる地域担当職員制度とも性格が異なる.

　もっとも,地域サポート人材の活躍は,農山漁村部のみに限定された話ではない.名古屋市では2016年度から,独自の「人的支援型コミュニティ政策」に相当する「地域コミュニティ活性化支援員(コミュニティ・サポーター)」の配置を始めている.このコミュニティ・サポーターは,先の学区連絡協議会や自治会・町内会からの要請を受け,地域課題の解決に関するアドバイス,自治会・町内会の加入促進に向けた支援,広報紙の作成の支援,などを担当する.現在は福祉,環境,多文化共生などの専門性を有する4人のサポーターが,名古屋市役所の本庁舎に拠点を置き,地域からの支援の要請に応じて現場に出向いて活動するかたちになっている.

　コミュニティ・サポーターは現在まで,すでに名古屋市内のさまざまな学区や自治会・町内会の現場で支援活動を展開し,しだいに成果が上がり始めている.具体的な支援活動に関しては,例えば学区広報紙の紙面刷新に向けた支援活動があげられる[横井 2017:8-10].名古屋市内のある学区から「もっと読まれる広報紙となるように,支援してほしい」という相談を受け,コミュニティ・サポーターが25回にもわたって学区の支援を重ねた.一連の過程では編集体制の見直し,コンセプトの明確化,発行経費の見直し,の3点に力点を置き,大幅な紙面刷新が進んでいった.その結果として,地域活動に参加する学区の人々の姿が目に見えるかたちで描かれ,以前にはない反響が生まれはじめているという.

　そのほかにも,市営住宅における住環境向上のための支援活動も看取される[6].名古屋市内で高齢者世帯や障がい者世帯,さらには外国籍住民が多く居住する市営住宅の自治会に対して,自治会長からの相談を受けながら活動支援を進めている.具体的には,自治会役員や民生委員では対応しきれない,外国籍住民の子どもへの学習支援のしくみづくりにむけたコーディネートの活動がある.同様に,市営住宅に居住する高齢単身世帯の住民同士が交流することで,健康維持が図られるような居場所づくりにむけたコーディネートの活動もあげられる.このときには,コミュニティ・サポーター自身はあくまでもコーディネーターの役割に徹するという.なぜなら,コミュニティ・サポーターが実践者の役割を担ってしまうと,いつまでも当該地域には自立の姿勢は生まれず,支援

活動が際限なく続きかねないからである．そのため，コミュニティ・サポーターとしては，いかにして地域コミュニティの自主性や主体性を引き出すかが問われることになる．とはいうものの，実際には困難な事情を抱えている地域コミュニティも少なくなく，この場合に自主性や主体性を引き出せる見通しは立ちにくいという現実もある．

　ともあれ，名古屋市のコミュニティ・サポーターに関しては，従来型の「補助金」ではなく「補助人」として位置づけることができ，「人的支援型コミュニティ政策」の一形態ととらえることができる．現在，232万人の住民が居住し，16の行政区を抱える名古屋市のなかで，コミュニティ・サポーターの人数は4名と限られてはいる．ただ，地道な活動の甲斐もあって，コミュニティ・サポーターの存在そのものは，名古屋市内の地域コミュニティの現場において，しだいに根付き始めているように思われる．

　それでは，こうしたコミュニティ・サポーターには，どのような意義を見出すことができるのか．それは，自らの専門性を活かし，従来の枠にとらわれないかたちで，地域コミュニティに対して柔軟に支援活動を行うことができる，という点である．名古屋市のコミュニティ・サポーターの場合，4名それぞれが福祉や環境といった専門性を有しており，自らのスケジュールとも調整しながら必要に応じて地域コミュニティの現場に出向き，さまざまなアプローチで地域コミュニティへの活動支援に取り組んでいる．こうした対応は，従来の地域担当職員制度では専門性や柔軟性という点でおおよそ困難であり，コミュニティ・サポーターの制度設計ならではの対応といえよう．同時に，コミュニティ・サポーターの職務は「地域コミュニティの活性化に関すること」と大枠のみを定めている形態ゆえに，自らの責任と判断で柔軟に対応できる環境も確保されている．

　他方で，コミュニティ・サポーターのしくみには課題がないわけでもない．それは，コミュニティ・サポーターに限った話ではなく，地域サポート人材の全般にも該当することであるが，地域コミュニティとの「距離の取り方」には多くの困難が伴う点である．地域コミュニティの特性は多岐にわたり，当該地域の人口や面積，各種の資源などは一様でない．また，地域コミュニティの活動に参加する住民は必ずしも固定化しているわけではなく，その時々での入れ

替わりもあって変化し続ける．こうした流動性ゆえに，上記のとおり地域コミュニティの自主性や主体性を引き出そうとしても，それは決して容易でない．コミュニティ・サポーターの側が率先して活動提案し，地域コミュニティの活動を牽引してしまうと，住民の間にはコミュニティ・サポーター任せの依存体質が醸成されてしまう．一方で，コミュニティ・サポーターが沈黙を続けるばかりでは，何も地域コミュニティの活動は始まらない．この両極のうち，どの地点に立ち位置を定めながら地域コミュニティへの活動支援を展開するかの判断は極めて難しく，経験に裏付けられた臨機応変な対応を要しよう．

　こうした内容というのは，コミュニティ政策にとって永遠の課題なのかもしれない．ただ，少なくとも地域コミュニティの自主性や主体性を引き出すための環境整備として，コミュニティ・サポーターが存在するかしないかでは，将来的な可能性に大きな開きがあることは確かであろう．コミュニティ政策に普遍的な解が存在しないなかで，コミュニティ・サポーターは紆余曲折を繰り返し，試行錯誤せざるをえない場面も少なくないが，それでも彼らの活躍によって，コミュニティ政策そのものの前進が期待される．

第5節　大都市のコミュニティ政策の展望

　従来からの「補助金配分型コミュニティ政策」に関しては，多くの場合に前年度実績を基準として毎年のように配分される一方，そうした補助金を用いた地域コミュニティの各種事業の有効性は，検証が容易でない．結果として，「カネを配り続けてきた」きらいもある．しかし，地域コミュニティの現場においては，年度を超えた活用ができず，補助金を思い通りに使えない場合もあった．また，近年では大都市であっても財政状況の悪化を受け，補助金そのものの見直しを行う場合も出てきている．ただ，そこでは政治的事情から思い切った決断ができず，地域コミュニティに対する補助金が見直せないこともある．

　ともあれ，「補助金配分型コミュニティ政策」の有効性が問われるなかで，コミュニティ政策の新形態は，従来は困難であった地域課題の解決を促しうる．そこでの要点は，いかに地域コミュニティの主体性を引き出すかであろう．す

でにみてきたとおり，地域コミュニティとの距離の取り方に普遍的な形態はない．ただ，自治体行政の新たな役割としてネットワーク管理が説かれるなかで［真山 2011 : 603-626］，こうした視点をもつことは重要だろう．

なお，本章では図 4 - 1 の分析枠組のうち C や D の象限に関しては，その実態を扱うことができなかった．しかし，例えばコミュニティ施設の屋根に太陽光パネルを設置して太陽光発電に取り組み，売電収入を確保して自主財源を確保するコミュニティビジネスの事例，クラウドファンディングを活用して神輿の修復を実現させた事例などもみられる．プロボノワーカーによる地域コミュニティ支援のうごきも全国的に広まっている．こうした形態は新しい地域コミュニティ活動であり，これを促す場合はコミュニティ政策の枠組みにおける新事業のかたちとして位置づけられよう．大都市におけるコミュニティマネジメントの展開もふまえながら，こうした動向の検証に関しては，今後の研究課題としたい．

注

1 ）本章は，三浦哲司［2020］「多元化するコミュニティ政策──補助金配分型コミュニティ政策を超えて──」『日本公共政策学会 2020 年大会報告ペーパー』を加筆修正したものである．
2 ）プロボノとは，「公共善のために」という意味のラテン語を語源とする言葉で，現代では「社会的・公共的な目的のために，仕事で培ったスキルや専門知識を生かしたボランティア活動」［嵯峨 2011 : 24］を意味する．近年では，自治会・町内会の活動を支援するプロボノ活動も始まっている．
3 ）『朝日新聞』2019 年 5 月 14 日付朝刊参照．
4 ）名古屋市 HP「地区防災カルテ」(https://www.city.nagoya.jp/bosaikikikanri/page/0000110628.html, 2021 年 11 月 5 日閲覧).
5 ）『朝日新聞』2019 年 5 月 14 日付朝刊参照．
6 ）コミュニティ政策学会第 18 回大会のシンポジウム（2019 年 7 月 6 日，於・愛知県犬山市）での名古屋市コミュニティ・サポーターによる事例報告を参照した．

参考文献

稲垣浩［2014］「地域担当職員制度の制度設計──課題の整理と展望──」『開発論集』93.
大杉覚［2019］「マルチスケールな政策形成と『地域人』財づくり」『ガバナンス』215.
─────［2021］『コミュニティ自治の未来図──共創に向けた地域人財づくりへ──』ぎょうせい.

大藪俊志[2019]「自治体経営の課題——地域自治の可能性——」『佛教大学社会学部論集』
　68.

北山俊哉[2020]「公共政策の手段——どのようにして目的を実現するのか？——」，秋吉
　貴雄・伊藤修一郎・北山俊哉編『公共政策学の基礎（第3版）』有斐閣.

小泉秀樹[2017]「コミュニティの診断」，伊藤守ほか編『コミュニティ事典』春風社.

国民生活審議会調査部会編[1969]『コミュニティ——生活の場における人間性の回復
　——』

嵯峨生馬[2011]『プロボノ——新しい社会貢献　新しい働き方——』勁草書房.

澤田道夫[2018]「地縁組織の加入率と活性化に関する一考察——町内会・自治会制度をめ
　ぐる基礎理論的研究（2）——」『アドミニストレーション』24（2）.

図司直也[2013]「地域サポート人材の政策的背景と評価軸の検討」『農村計画学会誌』32
　（3）.

第32次地方制度調査会[2019]『2040年頃から逆算し顕在化する地方行政の諸課題とその
　対応方策についての中間報告』

中田實[1990]「名古屋の一大特徴・「生きている学区」——住民自治と地域行政の接点
　——」，中田實・谷口茂編『名古屋　第二の世紀への出発』東信堂.

日本都市センター[2014]『地域コミュニティと行政の新しい関係づくり——全国812都市
　自治体へのアンケート調査結果と取組事例から——』

日高昭夫[2021]「都市自治体における町内会自治会のあり方——加入率低下問題を中心に
　——」『都市社会研究』13.

広原盛明[2011]『日本型コミュニティ政策——東京・横浜・武蔵野の経験——』晃洋書房.

真山達志[2011]「地方分権時代におけるネットワークの設計と管理——現代の自治体行政
　求められる能力——」『法学新報』118（3・4）.

三浦哲司[2020]「コミュニティカルテの現状と今後の可能性」『政策マネジメント研究』
　1.

――――[2021]『自治体内分権と協議会——革新自治体・平成の大合併・コミュニティガ
　バナンス——』東信堂.

森岡清志[2008]「地域社会の未来——コミュニティ行政の限界と新しいコミュニティ形成
　——」，森岡清志編『地域の社会学』有斐閣.

山崎仁朗編[2014]『日本コミュニティ政策の検証——自治体内分権と地域自治へ向けて
　——』東信堂.

横井れい[2017]「地域コミュニティ活性化の鍵は"広報"にあり」『広報』2017-8.

横道清孝[2009]「日本における最近のコミュニティ政策」『アップ・ツー・デートな自治
　関係の動きに関する資料』5.

（三浦　哲司）

第Ⅱ部　都区制度の論点

第5章

都区の組織と運営

第1節　大都市行政における特別区

　本章の目的は，大都市行政を担う仕組みとして，都区制度における特別区が適しているか否かという点について，行政組織論的観点から考察することである．現行の都区制度における特別区の制約された自律性について資源配分，財源配分，危機管理の点から検討したうえで，その結果を2回の住民投票が行われた，いわゆる「大阪都構想」にあてはめ，その意味するところを展望するものである．

　初期の都制度は1943（昭和18）年に導入されたが，これは当時の総力戦を遂行する体制づくりのため，東京市を廃止し，府・市を一体化することによって帝都の一体性を確保することが狙いとされていた［大杉2011］．現行の都制度は，この戦前の制度を継承し戦後の地方自治法の中で一般制度として規定されたものであり，これまでに4度にわたる法改正を経ている．

　一方，特別区制度の萌芽は1878（明治11）年の郡区町村編制法にみてとれる．いわゆる三都として重要な都市であった東京，大阪，京都を府として開港5港とともに政府直轄地とし，これら都市部には後に市となる区が設置されたのがその始まりである．このうち，東京，大阪，京都には複数の区が置かれ，各区は独立した自治体として府の監督下に位置付けられた．現行の特別区制度は，この区制度を継承しつつ，こちらも地方自治法において新設された制度である．しかし当初，特別区は市相当と位置付けられたにもかかわらず，1952（昭和27）年の地方自治法改正によって区長公選制が廃止されるとともに，その事務

が10の事務に制限列挙されるなど，自治権を大幅に制約されることにより都の内部団体的な位置づけとなった．この狙いとしては，「地方公共団体の組織及び運営の簡素化及び能率化を図って経費の節約と地方住民の負担の軽減に資し，もって現下の国家的要請に応えるため」，かつ「大都市行政の統一的且つ能率的処理を確保すること」[1]にあるとされたからであった．

　このように，「都」という行政組織が導入されたのは府・市の一体化による集権的体制の確立が狙いであったこと，また，発足当初，大都市における「区」は独立した自治体として想定されていたにもかかわらず，特別区もまた都との一体性強化や能率化志向によって自治権が制約されていった，ということがみてとれる．この2点を念頭に，本章では以下現行制度における特別区について，行政組織としての自律性の欠如に着目し検討していく．

第2節　事務区分からみた特別区の位置づけ

　現行の特別区は，地方自治法第3編「特別地方公共団体」第2章「特別区」として281条から283条に規定されている．いわゆる平成12年改革（1998（平成10）年地方自治法改正）により，特別区は基礎的自治体である市町村に準じるものとされたことで，一般市の所掌する行政事務に準じた行政権限が付与されている．しかし，この改正において同時に都区間の役割分担の原則も示されたことから，一般の府県・市町村関係とは異なる位置づけが明確にされた．すなわち，都は，特別区の存する区域において特別区を包括する広域自治体であるとされたうえで，都が処理する事務は，① 都道府県一般の事務，② 特別区に関する連絡調整事務，③ 市町村事務のうち，「人口が高度に集中する大都市地域における行政の一体性及び統一性の確保の観点から当該区域を通じて都が一体的に処理することが必要であると認められる事務」とされ，一方特別区の処理する事務は，都の事務とされた上記 ③ を除いた市町村事務であるとされた．

　しかし，「大都市地域における行政の一体性及び統一性の確保の観点」から「都が一体的に処理することが必要である」事務とはどのようなものかについては，地方自治法上に明示されているわけではない．別途，個別法において都が行う大都市事務については規定されており，上下水道の設置・管理に関する

事務（水道法，下水道法），消防に関する事務（消防組織法），都市計画決定に関する事務（都市計画法），感染症の予防・まん延防止に関する事務（感染症予防及び感染症の患者に対する医療に関する法律）などは都が行うこととされているため，特別区が処理することはできない．また，都はこれらの規定に基づき，東京都水道局，東京都下水道局，東京消防庁などを設置している．従前は清掃業務も都の事務とされていたが，第 4 回都区制度改革推進委員会（1998（平成 10）年 12 月）において東京都提案「清掃事業の移管に関する提案」の内容を都区の正式な合意として，収集・運搬については各特別区が実施することとされた．これをうけて，2000（平成 12）年 4 月には共同処理を行う東京二十三区清掃一部事務組合が設立されている．

　都と特別区の事務処理については，都と特別区及び特別区相互間の連絡調整を図るため，都区協議会の設置が地方自治法で規定されている．この都区協議会とは都と特別区が共同で設ける機関であり，委員 16 人で組織され，都知事，都知事がその補助機関の職員から指名する者（7 人），特別区の区長が特別区の区長の中から協議により指名する者（8 人）が委員とされるものである（地方自治法施行令 210 条の 16）．後述する財政調整交付金についても，この都区協議会の意見を聴いたうえで東京都の条例で定められる必要がある．

　特別区は特別地方公共団体ではあるものの，法令により特別の定めがない限り，基本的に市に関する規定が適用されることから，普通地方公共団体と同様に長と議会を直接公選で選ぶ二元代表制の仕組みとなっている．しかし，上記のような自治権の制約を受けていることなどから，特別区が個々独自に単独で事務を処理することが難しいものや，行政事務の効率的処理の観点ないし行政間の相互補完や相乗効果を得る観点などから，特別区相互間においてその枠組みを超えた共同処理や広域連携が広く行われてきた．

　地方自治法に基づく連携については，以下のものがある（カッコ内は対象）．

（1）一部事務組合
・特別区人事・厚生事務組合（東京 23 区）
・東京二十三区清掃一部事務組合（東京 23 区）
・特別区競馬組合（東京 23 区）

・臨海部広域斎場組合（港区，品川区，目黒区，大田区，世田谷区）

（2）協議会

・東京二十三区清掃協議会（東京23区）

（3）広域連合

・東京都後期高齢者医療広域連合（都内全区市町村）

　また，地方自治法に基づくものではないが，各区の協議会等により設置され実施されている連携の枠組みとしては以下のようなものがある．

（1）災害対策

・特別区災害時相互協力及び相互支援に関する協定（東京23区）

・災害時における大型汎用電子計算機の相互支援体制に関する協定（千代田区，江東区，大田区，杉並区，北区，板橋区，足立区）

・災害時における城南5区相互応援協定（品川区，目黒区，大田区，世田谷区，渋谷区）

・防災相互協定（台東区，墨田区）

・防災相互協定（墨田区，江東区）

・「東日本大震災」への特別区の支援事業（東京23区）

・目黒駅周辺帰宅困難者対策協議会（品川区，目黒区）

（2）交通

・環七高速鉄道（メトロセブン）促進協議会（足立区，葛飾区，江戸川区）

・エイトライナー促進協議会（大田区，世田谷区，杉並区，北区，板橋区，練馬区）

・10区共同地域福祉有償運送運営協議会（千代田区，中央区，港区，新宿区，文京区，台東区，目黒区，渋谷区，北区，荒川区）

（3）産業振興

・TASKプロジェクト（台東区，墨田区，荒川区，足立区，葛飾区）

・一般財団法人東京城北勤労者サービスセンター（豊島区，北区，荒川区）

（4）環境問題

・東京湾岸自治体環境保全会議（中央区，港区，江東区，品川区，大田区，江戸川区ほか1都2県16市1町）

・墨田川水系浄化対策連絡協議会（中央区，台東区，墨田区，江東区，北区，荒
　川区，板橋区，練馬区，足立区）
・みどり東京・温暖化防止プロジェクト（東京23区ほか都内全市町村）
・目黒川における水質改善対策（品川区，目黒区）
（5）農業
・都市農地保全推進自治体協議会（目黒区，大田区，世田谷区，中野区，杉並区，
　板橋区，練馬区，足立区，葛飾区，江戸川区ほか28市町）

　その他の連携組織としては，特別区長会，特別区議会議長会，公益財団法人
特別区協議会がある．特別区長会，公益財団法人特別区協議会においては特別
区間の相互調整が行われているほか，都区協議においても重要な役割を担って
いる．

　こうした事務の共同処理や広域連携の取組みについては，特別区以外でも，
全国的に基礎自治体間ないし広域自治体と基礎自治体間においても近年数多く
実施されてきており，これ自体の実効性についてここで批判するというもので
はない．とりわけ，人口減少が避けられない将来的課題である昨今においては，
市町村合併を経た次の策としてその有効性に期待されるところでもある．しか
し，上記のような多様な連携の取組みを一瞥すれば，特別区の自治権が一般の
市町村よりも制約され，自律的な行政運営が困難であるからこそ共同処理や連
携の枠組みを用いざるを得ない事情も推察されるといえる．

第3節　世界における大都市制度の類型

　それでは，こうした日本における都区制度は，世界の中でみるとどのように
位置付けられるのだろうか．村上によれば，世界における大都市の地方制度上
の位置づけは以下の3つのタイプに整理できる［村上 2010］．

　Aタイプは，県や州などの広域自治体が大都市自治体を包含するものであ
る．但し，日本の指定都市のように，府県の権限の一部を委譲されて，一般の
市より大きな役割を果たす場合もある．ドイツのケルン市，ミュンヘン市，フ
ランスのリヨン市，マルセイユ市，イタリアのローマ市，ミラノ市，アメリカ

のサンフランシスコ，ロサンゼルス，フィラデルフィアなどがこれにあたる．
ケルン市はノルトライン・ヴェストファーレン州に，ミュンヘン市はバイエル
ン州にそれぞれ包含されるが，郡からは独立しそれと同格なので，日本の指定
都市と同様に一般市よりも大きな権限を有している．フランスでは州・県・市
の三層制が採られており，パリ市だけはイル・ド・フランス州の中にあるもの
の県の地位を有し（Ｂタイプ），リヨン，マルセイユ以下の市は県に包含される
（Ａタイプ）．イタリアもフランスと同様に三層制を採用しており，市は県の中
に置かれている．

　これに対し，Ｂタイプは「特別市」，「都市州」などとも呼ばれ，広域自治体
から大都市自治体が独立しており，広域自治体と同等の立場を獲得して，基礎
自治体と広域自治体の機能を併せ持つものである．ソウル，ロンドン，ベルリ
ン，パリがこれにあたる．韓国ではソウル特別市，釜山など6つの広域市につ
いては，広域自治体である道と同じ権能を有する特別市（Ｂタイプ）である．

　村上によれば，先進国の大都市は上記のＡタイプもしくはＢタイプを採用
するものが多く見られる．Ａタイプでは広域自治体の中に大都市が置かれて
いるが，概ね大都市の自治が尊重されている．広域自治体と大都市によって広
域的政策が進められる中で，広域自治体がカバーする大都市区域においては二
重行政が生じる可能性もあるものの，権限の分担や優先順位づけ，評価の仕組
みを活用し事業・施策間の供給量などについての擦り合わせ等を行うことに
よって回避は可能である．

　Ｂの特別市タイプでは大都市自治体の事務が膨大になるため，内部に議会を
備えた特別区を有し，権限を委譲するケースも多いとされる．大都市が広域自
治体と同格に扱われ，かつ独立した存在であるため，大都市部の自治が尊重さ
れ，かつ二重行政の回避に適している．課題としては，広域自治体からすれば
その中心都市が域内に含まれないことになり，税収面での主要地域を手中にお
けないことになる．

　これに対し，東京都やいわゆる「大阪都構想」において想定されていた制度
はＸタイプとされ，海外でもあまり例のない特殊なタイプであるとする．す
なわち，Ｘタイプとは大都市にかかる権限の広範な部分について，上位の広
域自治体が兼務する方式である．このタイプでは，大都市圏全体における広域

的政策の推進には適しており，二重行政の回避も見込めるものの，大都市自治という観点からすれば，その重要部分の多くは広域自治体が担うため，大都市内部の自治は分割されることになる．加えて，大都市圏の運営は広域自治体に一元化されることにより，権限の集中も起こりやすい．

　日本でのこれまでの地方自治制度に関する歴史的経緯からすれば，Bの特別市タイプは戦後施行された当初の地方自治法では規定されていたものの，その後府県と特別市間との激しい論争・対立を巻き起こし，結果として地方自治法の改正によって折衷案的なAタイプの指定都市制度が生まれたことになる．指定都市市長会は，その後これまでの間，主に事務分担と税財源の偏在による不公平について度々問題提起をしてきており，特別自治市をはじめとした多様な大都市制度の創設に必要な法整備を進めるようさまざまな働きかけを行っているが，現在まで実現には至っていない．

　A，B，Xのうち，どのタイプの大都市制度が最も優れているかという問いに対しては，一面的に答えを用意できるものではない．そもそも，どのタイプが採用されているかということは，各都市ないし各国の歴史的経緯や成り立ちによるところが大きく，また，制度の中で何の実現が最も重視されているかにもよる．村上は，「一見，Xタイプによる地方政府の一元化がすべてを解決するように見えるが，大都市の主体性の喪失や政策推進主体の減少，権力集中などのマイナスもある」と指摘する［村上 2010：265］．この村上の指摘は非常に示唆に富んでおり，本質を突いた指摘であるといえる．村上のいう「主体性の喪失」について，本章ではこれを「自治体組織の自律性」という観点から読み替え，権力集中についても目配りをしつつ，以下で具体的に検討していく．

第4節　特別区が抱える組織運営上の課題
──経営の前提としての自律性の観点から──

（1）人的資源の配分にかかる自律性

　行政組織であれ民間組織であれ，組織を「経営」するという観点に立つとすれば，その要諦は変化する組織内外の環境のもとでヒト，モノ，カネという資源と情報をどれだけ効果的に組み合わせることができるかにある．当然のことながら，それら資源と情報は当該組織が自律的にその配分を差配できることが

前提となる．しかし，日本の自治体組織に関していえば，その内部組織の構造
及び編成や資源分配の方法などについては，完全な自己裁量権がこれまで与え
られてこなかったという経緯がある［入江 2012］．

　以下ではこうした観点から，都区制度における特別区の自律性について，組
織運営上課題となると考えられるいくつかの点について検討していく．

　まず，ヒトという資源，つまり人的資源の配分に関する自律性についてみて
いく．先述したように，特別区全区が共同で処理する事務を行う特別地方公共
団体である一部事務組合として，特別区人事・厚生事務組合が置かれている．
主な事務としては，23 区職員の共同研修，生活保護法に定める更生施設・宿
所提供施設，社会福祉法に定める宿泊所の管理・運営，特別区人事委員会（23
区職員の採用，給与勧告等），幼稚園教員の採用選考等を行っている．特別区（長）
の権限に属する事務の一部を共同して処理するために，東京都知事の許可を得
て 1951（昭和 26）年に設立されたものであり，設立当初から現在に至るまで，
構成団体は 23 特別区である点に変更はないが，組合の名称や共同処理事務に
ついては幾度か変更されている．

　このうち，特別区人事委員会は全国でも例を見ない設置形態の人事委員会で，
その権限については他の人事委員会と同様であるものの，運営については一部
事務組合による共同処理事務に特徴的なものとなっている．すなわち，特別区
人事委員会はそれぞれの特別区の共同機関としての性格を有しており，その行
為の効果はそれぞれの特別区に帰属する．また，特別区人事委員会の権限に属
する事務の管理及び執行に関する法令，条例，規則，その他の規程の適用につ
いて，同委員会はそれぞれの特別区の機関とみなすこととされる．

　同人事委員会の主な事業内容として正規職員の競争試験及び選考がある．23
特別区では同人事委員会が採用試験を一括して実施し，第 1 次及び第 2 次試験
の合格者を採用候補者の名簿に登載する．そして受験者の申込書に記載された
希望区等が考慮されたうえで提示（推薦）が行われ，各区が面接を行い，最終
合格者に対して各区が採用内定を行うという流れになっている．

　同人事委員会が設立され，職員採用を一括して行うようになった経緯につい
ては，1961（昭和 36）年から 1974（昭和 49）年にかけて行われた東京都から特
別区への人事権委譲が契機となっている．さらにさかのぼれば，特別区の成り

立ちに深く関わって，都区制度における特別区の人事行政の特殊性に起因する
ものである．1952（昭和27）年の都区制度改革によって，特別区は憲法上の地
方公共団体には当たらない自治体として区長公選制が廃止され，都の内部団体
として位置付けられた．この当時，都配属職員制度によって，管理職をはじめ
とする区職員の大部分は都職員の身分を有したまま各区に配属されていた［土
屋 2011］．区長はこれら職員への人事権を持っておらず，こうした都配属職員
制度は大都市の一体性を確保する観点から，都の権限を強化する集権的仕組み
として機能していた．

　これに対し，特別区側はいわゆる自治権拡充運動を展開する中で，特別区固
有職員の人事行政のための機関として，1951（昭和26）年に特別区人事事務組
合を共同設置した．これは，都側が都区間の一体性の確保を進めようとするこ
とに対抗し，特別区側は逆に特別区の自主性・自律性を高め，一体性を弱める
ことを狙いとして，事務の共同処理方式をその受け皿とすることを目指したも
のと考えられる．なお特別区人事事務組合は，1967（昭和42）年に現在の名称
である特別区人事・厚生事務組合に改められた．

　その後，1974（昭和49）年に地方自治法の一部改正に伴い，区長公選制が復
活するとともに都配属職員制度が廃止され，あわせて区長に職員の人事権が移
譲された．さらにその翌年，特別区に配属されていた都職員はその特別区職員
として身分が切り替えられ，移管された．これに伴い，1978（昭和53）年に特
別区人事委員会が設置されるに至った．しかし都配属職員制度が廃止された当
時は，まだ任用・給与等については都の基準を使用し，かつ管理職選考の実施
を都に委託していたことから，完全に特別区独自の人事行政が実施できたわけ
ではなく，この時点ではまだ都区の一体性ないし都の集権性が残存していた．
これを，特別区全体が共同して人事委員会を設置することで23区の職員の勤
務条件の均衡化をはかるとともに，各区が協力しつつも独自に人事行政を行う
ことが可能になると目されたのである．1979（昭和54）年度からは特別区共通
の任用・給与基準を用いることとなり，これによって人事行政における都の影
響及び都区間の一体性を弱めることにつながったとみることができる．

　具体的な採用活動の統一化については，人事委員会設置に先立ち，1973（昭
和48）年度採用分から選考職種のうち化学・造園・福祉指導の旧行政職給料表

(一) 5 等級相当職を，さらに 1974 (昭和 49) 年度採用分からは事務・土木・建築・機械・電気の 5 つの試験職種を統一選考で実施することを決定し，毎年度各程度区分 (大学卒・短大卒・高校卒) 別に実施されることになった．その後，保健所関連職種も統一選考に加えられ，1977 (昭和 52) 年度からは名簿登録制度を持つ競争試験に統一選考が移行されて「採用試験」として実施された．そして 1978 (昭和 53) 年に同人事委員会が設置されたことにより，その後は同人事委員会が専門的に試験及び選考を実施している[2]．

　また，特別区人事・厚生事務組合には特別区職員の共同研修を担う機関として，特別区職員研修所が設置されている．特別区職員は 2019 年 4 月現在で 5 万 7124 人にも上るが，求められる知識及び能力の向上と，公務員意識の高揚を図ることを目的とし，各区の人材育成基本方針等の方向性を見据えつつ，各区が実施する研修とともに多様な人材育成手段の 1 つとして実施されている．研修の内容としては，戸籍事務や福祉，まちづくりなどの分野別の専門研修，児童相談所関連研修，職層研修，清掃研修，ステップアップ研修，管理監督者を対象とした自治体経営研修，サポート研修など多岐に渡っている．専門的知識や技術の習得による職務遂行能力の向上を図る狙いだけでなく，他区職員との交流を通じたネットワークづくりや情報の共有化なども狙いとされている[3]．

　採用試験にしても研修にしても，それらの内容の精度ないし専門性という観点からすれば，上記のように一括して行うことによるメリットは少なくないと考えられる．採用や研修を専門的に担う機関を置くことにより，独立的にそれらに関する事務を担当できることに加え，特別区全体を対象とすることによりスケールメリットを活かした効果を得ることも可能になる．処遇の可視化による均衡と公正も，より実現しやすくなると考えられる．

　しかし，組織の自律的経営という観点からすれば，例えば採用活動は組織存続のための非常に重要な手段の 1 つであるにもかかわらず，現行の仕組みではそれが自前で行えないということになる．上記でみたように，特別区は都の内部団体としての扱いから脱し，自治権拡充運動の展開の過程において，都の一体性確保にいわば対抗するものとして共同処理方式を模索した．そうした都区制度の成り立ちの経緯からすれば，現在の人事委員会の共同設置形式は，これまでの特別区側による独立的な人事行政獲得のための取組みの積み重ねであっ

て，一定の歴史的帰結であるともいえる．しかし，現在地としての特別区を改めて眺め直せば，各区とも独立した特別地方公共団体であり，一般市に準じる扱いであるからこそ，それぞれ独自の人材育成基本方針を策定している．それぞれの地域特性に応じて，組織内で目指すべき価値を実現できるように，あるべき人材像と組織像を定めている一方で，それに沿った採用活動ができていないということになる．近年は学力偏重ではなく，より人物重視の採用とするため，学科試験を課さずに面接によって応募者の能力や個性を見極める自己推薦型の採用を行う自治体も全国的に多く見られる一方で，特別区においてはこうした独自の採用活動は難しいのが現状である．

　自治体規模としてみれば，23 区中，人口が最も少ない千代田区でも 6 万 5942 人であり，これは一般市のレベルに相当する．最大の世田谷区では人口 91 万 7486 人[4]，一般行政職の職員数だけでも 4715 人[5]にも上るのであって，これは政令指定都市と同レベルの規模になる．組織規模からみても，それぞれの区が単独で採用活動を行うことは十分に可能である．

　また，地方公務員にも能力及び実績に基づく人事管理の導入が課された現在，人事評価制度をどのように設計し運用するかは各自治体にとって喫緊の課題となっている．単純に処遇のためだけの評価制度とすることは数々の課題を引き起こしかねず，職員個人としての自己実現や自律的労働のためには，評価制度は人材育成の観点から設計される必要がある［入江 2020］．組織価値の実現のため，各自治体にとっては優秀な人材を採用することはもちろん，評価制度をうまく運用しつつ，職員の能力開発と人材育成に努める必要がある．こうした観点からすれば，今後特別区においても，自律的な組織運営のためには，人的資源の配分にかかる採用活動や評価制度，さらには処遇などについて，共同での人事委員会設立という歴史的帰結から一旦離れ，真に自組織にとって有益な人事行政の方法の再検討がなされてしかるべきではないだろうか．

（2）財源の配分にかかる自律性

　組織における財源配分に関わるものとして，都区制度における都区財政調整制度がある．この制度の目的としては，① 都と特別区の間の財源の均衡化，② 特別区相互間の財源の均衡化，そして ③ 特別区の行政の自主的かつ計画的

な運営を確保することにあるとされ，この趣旨に従って都は条例で特別区財政調整交付金を交付している（地方自治法 282 条 1 項）．都は，都が賦課徴収する市町村税のうち，固定資産税，市町村民税法人分，特別土地保有税（いわゆる調整三税）の収入額と法人事業税交付対象額の合算額の一定割合を，「特別区がひとしくその行うべき事務を遂行することができるように」交付するものである（同法 282 条 2 項）．つまり，通常基礎自治体の財源とされる税の一部を都が都税として徴収し，これを後述するように都区間の協議によって財政調整する仕組みである．国の地方交付税制度と算定方法が類似しており，垂直的財政調整と水平的財政調整があるが，大都市地域としての均衡を保つため，特別区間の財源調整を行って必要な財源を担保するというものである．調整税等の一定割合が特別区の固有財源として保障されるとともに，この特別区財政調整交付金は特別区の一般財源とされることから，その使途は基本的に自由であり各区の裁量に任される．

2000（平成 12）年 4 月に，大都市地域における行政の一体性・統一性の確保に配慮しつつ，特別区の自主性・自立性を強化した都区制度改革が行われたことにより，それまで政令によっていたこの都区財政調整制度は法律上の財源保障制度として明記され，特別区の自治財政権を支える仕組みとして位置付けられた．これは地方交付税の算定時に，東京都と特別区が合算で算定されていることから，その代わりに特別区の財源保障を行うという意義もあると解される．

この財調交付金の特別区への配分割合と算定方法は，都区協議会の意見を聴いたうえで東京都の条例で定められ，都の予算に計上されて各特別区に交付される．財調交付金の配分割合は，税財政制度の改革や都区の役割分担の変更等があった場合にこれまでにも何度か見直しがなされており，現在の特別区の配分割合は 55.1％である．なお，交付金の総額は，（固定資産税＋市町村民税法人分＋特別土地保有税＋法人事業税交付対象額）× 一定割合（55.1％）で求められ，2020（令和 2）年度は 1 兆 128 億円となっている．

財調交付金には普通交付金と特別交付金があり，その考え方と計算方法は地方交付税とほぼ同様のものとなっている．すなわち普通地方交付金は，基準財政需要額が基準財政収入額を超える区に対し交付されるもので，交付金総額の 95％に相当する．特別交付金は普通交付金の算定期日後に生じた災害等により

特別の財政需要があるなどの事情がある区に対し，当該区の申請に基づいて交付されるもので，交付金総額の 5 ％に相当する．ただ，一般の地方交付税算定時には人口 10 万人規模の団体が標準都市とされるのに対し，財調交付金制度においては人口 35 万人規模の団体が標準区とされ，これを特別区の平均的な規模として，各特別区の必要額を積算する方法がとられている．

　このように，一般の道府県・市町村関係にはこうした都区財政調整制度と同様の仕組みはなく，都区間に特徴的な制度となっている．これは，一般的な道府県と市町村との関係とは異なる事務配分や税財政の仕組みがとられていることに起因し，先述したように地方交付税算定時に都と特別区が合算して算定されていることから，特別区は地方交付税の交付対象となっていないためである．都区間の事務配分特例により，都と特別区について地方交付税を別々に算定することは技術的に困難であるとして，都においては，道府県に対する交付税の算定に関してはその全区域を道府県と，市町村に対する交付税の算定に関してはその特別区の存する区域を市町村とそれぞれみなして，基準財政需要額と基準財政収入額を合算する都区合算規程がとられていることによる．

　都区財政調整制度についてこのように概観してきたが，この仕組みのメリットについて井上は次の 3 点を指摘している[井上 2011]．第 1 に，都区財政調整制度が存在することで，仮に特別区各区に地方交付税を適用するとした場合の試算から，国は特別区交付団体分の交付金を地方交付税特別会計から支出しなくて済む．井上の試算によれば，地方交付税を特別区に適用した場合，2006年度においては交付団体が 11，不交付団体が 12 という結果になった．基準財政収入額からみると，都心 3 区，特に千代田区に税収が集中することになり，特別区間の財政力格差が拡大することになる．第 2 に，都は上下水道，消防などの大都市事務分に関わる経費をこの財政調整制度によって得ることができる．第 3 に，特別区では，地方交付税で算定される基準財政需要額よりも有利な需要額の算定が行われており，財政力の弱い区にも財源保障が行われる点である．

　しかし，こうしたメリットは確かに存在するものの，これらはあくまでも特別区の制限された自治の上に成り立っているのであり，この前提のもとで国，東京都，特別区の財政上の利害の一致と均衡が成立しているに過ぎない．

　一方，具体的な課題として指摘されていることとしては，現在都が処理して

いる事務のうち，基礎自治体の財源で処理すべき範囲が明確にされていないため，都区間の役割分担の明確化とそれに応じた財源配分の整理がなされていないということがあげられる[9]．先述した都区協議会については，その事前協議の組織として都区財政調整協議会が設けられており，さらにその下部に実務的な検討を行う幹事会が設けられている．この幹事会においては算定方法の見直し，都区間の財源配分に関する事項の協議，特別区相互間の財政調整に関して基準財政需要額の調整項目に関する協議などが毎年継続的に行われており，こうした状況は事務内容や性質の変化に合わせた仕組みの不断の見直しの必要性とともに，仕組み自体の一層の複雑さないし根本的に内在する曖昧さを示しているともいえる．

　このように，都区財政調整制度は日本の道府県・市町村間，国全体としての財政制度いずれからみても特殊な制度であり，それはすなわち特殊な都区関係における事務分担や制約された特別区の自治に起因するものであると見ることができる．一地方公共団体として独立した存在であるにも関わらず，財政的に自律した組織体であるとは言い難い．翻って，そもそも日本の地方自治制度における自治体組織は，歳入歳出の自由度，予算編成，地方交付税，各種補助金の交付過程などどれをとっても，中央省庁の強い統制や誘導の下に置かれてきた．したがって特別地方公共団体である特別区においては，財源の配分にかかる自律性は一般市よりもさらに制約されたものであるということができる．

（3）危機管理にかかる自律性

　組織運営の究極の局面は，想定外の事態が生じた場合，すなわち危機管理の局面である．平常時の組織運営と異なり，非常時の組織運営は困難を極める．災害や事故などの危機の発生は完全にコントロールできるものではなく，そうした不測事態の発生は不可避としたうえで，事前準備，応答性，減災，復旧・復興などについて検討するのが危機管理の基本型になる［中邨 2020］．

　組織運営についていえば，刻々と状況が変化していくなか，正確な情報収集を同時並行的に行いつつ，平常時とは異なるタスクや意思決定などを迅速にこなさなければならない．例えば大きな事件や事故が発生すると，首長や幹部職員などは連日連夜対策に追われることになり，基礎自治体であれば国や県との

相談・折衝，警察・消防や自衛隊との連絡，マスコミ対応など，その業務負担は膨大である．

　このうち，とりわけ災害時等において最前線で救助にあたるのが消防であるが，特別区においては，先にみたように「人口が高度に集中する大都市地域における行政の一体性及び統一性の確保の観点から当該地域を通じて都が一体的に処理することが必要であると認められる」事務については都が行うこととされており，具体的には消防，上下水道，都市計画などがこれにあたるため，特別区は単独でこれらの事務を行うことができない．

　都区制度における消防行政の具体的内容等については本書の第6章で詳しく述べるが，組織の危機管理の局面において，消防・防災の最前線で働く消防機関について指揮命令権を有していないことは致命的ともいえる．各特別区で防災計画は備えていてもその実施手段たる肝腎の消防機関が自前で用意できず，危機管理の局面において非常に制約された組織であるということがいえよう．

　なお，さらに地域に密着した消防機関である消防団についても，特別区ではなく東京消防庁が事務を担っており，各消防署が管轄する区域についての消防団事務を扱っている．市町村が作成する地域防災計画には，災害予防段階，災害応急対策段階，災害復旧・復興段階に分けて行政や住民，関係機関の役割や具体的行動などが明記されており，このうち消防団についてはそれぞれの段階において地域での重要性とともに，市町村自らによるその育成と整備の推進がうたわれている．しかし，特別区の地域防災計画では自ずとこうした記述は薄まってしまうことになる．

　結果として，特別区では消防防災行政を直接的に担うことがなく，それら行政実務に精通した人材も育成されない．例えば千代田区では災害対策・危機管理課が置かれており，その防災機関としての役割は以下のように地域防災計画に記載されている．[10)]

　　1　区民の生命・財産を守るための救出・救護に関すること．
　　2　災害対策本部の運営に関すること．
　　3　災害対策活動の調整に関すること．
　　4　道路公園課に対する支援（道路等被害状況の把握，道路等障害物の除去，道路，

　　　橋梁及びその他所管施設の復旧）．
　5　関係団体との連絡調整に関すること．
　6　震災対策，復旧・復興計画全般に関する総合調整に関すること．
　7　応急給水に関すること．

　しかし，上述したように消防機関への指揮命令権を有さないことから，その
書きぶりには限界がある．加えて，東京消防庁は特別区の消防行政に関わる事
務だけでなく，防災計画の作成等の都の防災行政も事実上行っていることも指
摘されており［永田 2012b］，特別区が自前の能力で危機管理体制を構築すること
の難しさを表している．

　もう一点，組織の危機管理という観点からは，災害時の支援・受援体制の整
備が不十分であることも課題として指摘できる．受援体制，すなわち「受援
力」については，東日本大震災以降，急速に認識された概念である．被害が大
きく，行政機能そのものが消失した自治体も多く出た中で，そうした被災自治
体に対し，全国から多くの支援・救援物資やボランティア，支援職員が集中す
る事例が相次いだ．このような問題について，被災自治体における応援体制の
見直し，受援力を強化する方法などを検討する必要性が生じてきた［中邨 2020］．

　これを受けて，2017（平成 29）年には内閣府が「地方公共団体のための災害
時受援体制に関するガイドライン」を取りまとめ，東京都においても，大規模
災害発生時に全国の自治体や関係機関等からの応援を円滑に受け入れ，早期の
被災地支援につなげていくための具体的な手順やルール，体制等を整備するこ
とを目的として，2018（平成 30）年に「東京都災害時受援応援計画」が策定さ
れた．こうした動きを受け，各特別区においては，既に受援計画を策定済のと
ころもあるが，内閣府のガイドライン提示以降，現在までに地域防災計画の見
直しがなされていないところもあり，受援体制の構築はまだ道半ばである．組
織の危機管理の局面において，非常時であっても業務を継続的に実施していく
ためにも，災害予防・事前対策の段階における体制づくりが求められるのであ
り，特別区相互間での連携とともに，各区独自の取組みも求められるところで
ある．

第 5 節　「大阪特別区」への敷衍と疑問

　これまでみてきたように，現行の都区制度については，組織の自律的経営という観点からすれば，人的資源の配分，財源の配分，そして危機管理の局面において，それぞれ自律性がかなりの程度制約されているということが整理できた．それら制約の起因するところは，いずれも都区制度の成り立ちによるところが大きい．特別区が都の内部的団体と位置付けられた 1952（昭和 27）年の都区制度改革以降，現在までの間に少しずつ自主性の拡大方向に改善されてきたものの，いまだ完全な基礎自治体に比してその制約は少なくない．

　それでは本章の最後にこの考察結果を用い，いわゆる大阪都構想にあてはめて，その意義について検討してみたい．大阪府が公表した「大阪における特別区の制度設計」特別区制度（案）[11]によれば，ここで検討されているいわば「大阪特別区」の役割分担は，「住民に最も身近な存在として，豊かな住民生活や地域の安全・安心を支える」ことにあり，公選区長と区議会を備えたうえで，基礎自治体優先の原則のもと，以下のような事務を実施するとされる．

① 中核市・一般市の事務（大阪全体の成長，都市の発展，安全・安心に関わる事務を除く）

② 地域のまちづくり（広域的対応が必要なまちづくりは除く），住民生活に密着した都市基盤整備に関する事務

③ 都道府県や政令指定都市の権限に係る事務であっても，住民に身近なものは特別区が実施

　具体的には，戸籍・住民基本台帳，保育・子育て支援，児童相談所，生活保護，保健所・保健センター，地域のまちづくり，区道，地域の公園，地域の企業支援，防災，環境監視，幼稚園・小学校・中学校などとなっている．

　他方，新大阪府（大阪都）が分担する事務としては，大阪全体の成長，都市の発展及び安全・安心に関わる事務であり，既存の事務としては救急医療対策，職業能力開発，市町村への支援・連絡調整，警察など，また府に一元化される事務としては成長戦略，広域的なまちづくり，港湾，広域的な交通基盤整備，

公園（後方支援活動拠点），成長分野の企業支援，病院，高等学校・大学などである．さらに，この機に大阪市から承継する事務として消防があげられている．

　この事務分担の考えから浮かぶ率直な疑問としては，なぜわざわざ特別区という組織形態にしなければならないのか，ということである．住民に身近な事務はより住民に身近な単位で実施するという表現からは，一見，補完性の原理に即してより住民自治の尊重を目指した改革なのではないかという印象を受ける．しかし，現在基礎自治体である大阪市を4つの特別区にあえて分割し，その扱いはあくまでも特別区でありつつも，中核市並みの権限を付与するということの意味は非常にわかりにくい．仮に現行の都区制度における特別区よりも多くの権限を与えられる「大阪特別区」だとしても，それはあくまでも特別地方公共団体としての位置づけの範囲を出るものではなく，完全な基礎自治体とは異なる．本章でこれまで見てきたように，特別地方公共団体たる特別区と，普通地方公共団体たる一般市町村とは，行政組織としてはあくまでも別の位置づけなのであり，特別地方公共団体は組織の自律性という観点からはどうしても一般市に比して制約を免れないのである．

　例えば人的資源の配分に関していえば，大阪都構想の中において各大阪特別区には公平委員会が設置されることになっている．ここで改めて人事委員会と公平委員会の違いを確認しておくと，人事委員会は，規模が大きく職員数が多いため人事管理がより複雑な地方公共団体に設置され，幅広い権限が与えられている．地方公務員法7条により，都道府県及び指定都市は人事委員会が必置とされており，人口15万人以上の市及び特別区は，人事委員会又は公平委員会を選択必置することとされている．

　また公平委員会は人事委員会と異なり，職員の競争試験・選考の実施，職員の研修その他の人事行政全般についての調査・企画・立案等の権限を有さないため，人事機関及び職員に関する条例の制定又は改廃に関して，議会及び長に意見を申し出る権限も有していない．通常，公平委員会の主な任務は勤務条件措置要求や不利益処分を審査することにある．ただし，条例で定めるところにより，上記に掲げる事務のほか，公平委員会が職員の競争試験及び選考並びにこれらに関する事務を行うこととすることができるとされているのみである．したがって，人事委員会との最大の違いは，給与値上げなどを任命権者に勧告

する行政的権限を有しないという点にある.

　すなわち, 人事委員会が置かれている都道府県, 政令指定都市, 現行の特別
区等においては, 人事委員会の勧告 (地公法 26 条) 等を受けて, 具体的な給与
改定方針が決定される. これに対し, 人事委員会が置かれていない団体におい
ては, 国の取扱いや都道府県の勧告等を受けて具体的な給与改定方針が決定さ
れることになる. ここから推察できることは, 大阪市を解体して大阪特別区に
することにより, 各大阪特別区は給与等に関する勧告を行うことのできる人事
委員会を失うことになり, 各大阪特別区の人事行政はあくまで新大阪府が集権
的に行うことを可能にする仕組みとして改められることになるのである.

　そもそも, 大阪市を解体し 4 つの大阪特別区に再編することの最大の狙いは,
「大阪府と大阪市では広域行政の司令塔を大阪府に一本化」することにあると
考えられる. 首長を 1 人とし, 権限を集約して強いリーダーを置くという考え
は, 地方分権や補完性の原理とはいわば真逆の集権的理論である. この目的を
実現せんがための大阪特別区のしつらえであると考えると, あえて自治権の制
約された特別区として大阪市を分割するという構想についても一定理解できよ
う. 現行の都区制度にならい財政調整制度を設ける点や, 消防事務を大阪市か
ら奪い, 大阪府の事務とする点についても同様である. ただし, 行政組織とし
ての自律性, すなわち団体自治と住民自治の実現という観点からすれば, 人的
資源や財源の配分, 非常時における組織運営としての危機管理等について, 特
別地方公共団体である特別区では一般市に比して制約された自律性しか有しな
いという点は動かしがたい.

　とりわけ, 現行の都区制度における特別区の成り立ちや, 1952 (昭和 27) 年
の都区制度改革以降の自治権拡充運動を思い起こせば, 近年の一連の大阪都構
想は歴史的逆行ではないかとさえ思われる. 地方自治法では, 首長に強大な権
限が集中しすぎることがないよう, 二元代表制や執行機関の多元主義が採用さ
れていることからすれば, 大都市行政を運営する組織体制としての大阪都構想
がその適格性を有しているかについては疑問を禁じ得ない. 少なくとも, 大都
市行政の組織と運営については, 組織の自律性と自治の関係性の観点から, そ
の有すべき権能と事務分担が客観的に議論されるべきではないだろうか.

注

1） 「地方自治法の一部を改正する法律の施行に関する件」（昭和 27.9.1 自甲第 66 号，各都道府県知事宛 自治庁長官通知）．

2） 特別区人事・厚生事務組合 HP「特別区人事委員会に関する事務」（http://www.tokyo23city.or.jp/ki/dataroom/jigyogaiyo/2gaiyo.pdf?_= r01, 2020 年 8 月閲覧）．

3） 同上「特別区研修所・共同研修」（http://www.tokyo23city.or.jp/ki/dataroom/jigyogaiyo/3gaiyo.pdf?_= r01，2020 年 8 月閲覧）．

4） 千代田区，世田谷区いずれも 2020 年 1 月 1 日現在の住民基本台帳より．

5） 世田谷区「等級及び職制上の段階ごとの職員数」（2020 年 4 月 1 日現在）より．

6） 特別区長会「都区財政調整制度のあらまし」（http://www.tokyo23city-kuchokai.jp/seido/gaiyo_1.html，2020 年 8 月閲覧）．

7） これまでは 55％だったが，特例的な対応として 2020（令和 2）年度から 55.1％となっている．その趣旨として都は「特別区からの要請と児童相談所の運営に関する都区の連携・協力を一層円滑に進めていく観点から，特例的な対応を行うもの」としている．なお，配分割合の今後の取扱いについては，令和 4 年度に行う令和 5 年度の財調協議において，今回の特例的対応による 0.1％分も含めて配分割合のあり方を議論することとされている（東京都「第 4 回都区財政調整協議会 協議内容」（令和 2 年 1 月 20 日開催），(https: //www. soumu. metro. tokyo. lg. jp/05gyousei/tokuzaiseityousei/H31/kaisai jyoukyou/020120/kyouginaiyou.pdf#page = 1, 2020 年 8 月閲覧）．

8） 東京都政策経営部財政課「令和 2 年度都区財政調整協議の結果について」より．

9） 特別区長会前掲資料より．

10）「平成 29 年修正 千代田区地域防災計画」総則（https://www.city.chiyoda.lg.jp/documents/2056/h29bousaikeikaku_1.pdf，2020 年 8 月閲覧）．

11） 以下は大阪府「大阪における特別区の制度設計」（http://www.pref.osaka.lg.jp/fukushutosuishin/sougouku_tokubetuku/tokubetuku_seidoan.html，2020 年 8 月閲覧）．

12） 大阪府「特別区制度（いわゆる「大阪都構想」）について」「なぜ特別区制度が必要なのか」（http://www.pref.osaka.lg.jp/fukushutosuishin/tokubetuku_tokoso/，2020 年 8 月閲覧）．

参考文献

井上洋一［2011］「特別区が自立するための財政システムの一考察」『とうきょうの自治』80.

石見豊［2013］「大都市制度の再検討」『國士舘大學政經論叢』2013（4）.

入江容子［2012］「自治体組織と人事」，真山達志編『ローカル・ガバメント論——地方行政のルネサンス——』ミネルヴァ書房.

――――［2020］『自治体組織の多元的分析——機構改革をめぐる公共性と多様性の模索——』晃洋書房.

大杉覚［2011］「日本の大都市制度」『分野別自治制度及びその運用に関する説明資料

No.20』自治体国際化協会・比較地方自治研究センター.

佐藤草平［2011］「都区制度における一体性と財政調整制度——経路依存性からみる都市空間としての一体性と三部経済制および都区財政調整制度——」『自治総研』37(2).

土屋耕平［2011］「特別区人事行政の確立」『早稲田政治公法研究』97.

中邨章［2020］『自治体の危機管理——公助から自助への導き方——』ぎょうせい.

永田尚三［2012a］「東京の災害対策と防災行政についての一考察——東日本大震災の教訓から求められる今後の課題とは何か——」『武蔵野大学政治経済研究所年報』5.

————［2012b］「消防防災行政における二重行政——東京消防庁方式を用いた一元化の危険性——」『武蔵野大学政治経済研究所年報』6.

村上弘［2010］「『大阪都』の基礎研究——橋下知事による大阪市の廃止構想——」『立命館法学』2010（3）.

（入江　容子）

第6章

都区制度と東京消防庁

第1節　大都市制度としての東京消防庁

　激甚災害が頻発する近年の日本の状況を考える時，消防行政の役割は極めて大きく重要である．消防業務を規定する消防組織法と消防法では，消防の任務として，次の3つが挙げられている．第1に国民の生命，身体及び財産を火災から保護することである[1]．第2に，水火災，地震等の災害を防除することである[2]．防除とは，被害が発生する恐れがある場合の応急措置，予防的措置に該当する．第3に，これらの災害による被害の軽減をすることである．現在，こうした消防の任務は，徹底した地方自治の理念のもと，市町村消防によって行われ，日本の消防行政の特色の1つとなっている．つまり，国民の生命，身体，財産の保護のために，市町村が主体となり，地域住民の生活を守り，消防業務の責務を負うこととなっており，日本の消防行政は，地方自治の理念にもとづき，権限において，市町村の役割が重要視され，運営されていかなければならないことが明確にされている．

　一方，歴史的に消防行政は，消防団をはじめとして，古くから住民と行政の連携，協働関係によってその活動が地域に根ざした形で支えられてきた領域でもある．市町村が災害時に主体的に災害対応を行うという重要な実働機関であることに加え，近年の大規模災害が頻発する状況をかんがみれば，住民にとって一番身近である市町村が消防業務を担うことの重要性がより一層きわ立つ．住民による「共助」の重要性と共に，改めて，市町村消防について考えてみることは必要であろう．

　以上の課題を考える上で，重要な示唆を与えるものとして，本章では，大都
市行政の特徴の１つとして挙げられる東京消防庁の存在に着目していく．東京
消防庁は，市町村事務として確立された日本の消防行政において，特殊な位置
づけとなっている．その仕組みを簡潔に言えば，東京都の特別区の全区域を
「１つの市」とみなし，架空の都市≪東京市≫の消防本部として位置づけ，そ
の管理を東京都が行うこととされているのである［永田 2009：94］．東京都は，
世界的にも有数の人口規模を誇る都市でありながら，消防行政については，い
ささかいびつな構造となっているのである．こうした問題関心から，日本の自
治体消防行政に着目し，大都市東京の消防行政のあり方，さらには，東京都の
自治体における住民防災への影響について考えてみたい．

第２節　日本の消防行政の成立と特色

（１）戦後の消防行政の改革

　はじめに，日本の消防行政の沿革について先行研究から確認する[3]．戦後，行
政の民主化改革とともに，消防制度にも大きな改革が行われた．その特徴として，
１つは，消防を警察から分離独立させ，その責任体制を確立させること．２つは，
地方制度の民主化の一環として，消防事務を市町村に移管することであった．

　GHQ は消防制度の改革について，内務大臣を頂点に，広範な行政権限をも
つ国家警察を解体させることを占領目的の達成としていた．特に，戦前，消防
事務は内務省警保局公安第二局が掌握しており，警察行政の中に位置づけられ
ていた消防事務は，地方制度改革及び警察制度の改革と関連付けられ，行われ
ることとなった．1946（昭和21）年 10 月 11 日警察制度審議会の設置から，そ
の検討が行われ，消防事務の増加，また消防事務の分離の計画から，翌 1947
（昭和22）年１月に警保局に消防課が設置され，消防に関する事務及び警防団
に関する事務を所管することとなった．しかし，警察改革と並行して行われて
いたこともあり，消防改革の実現は同年５月３日の日本国憲法，地方自治法施
行に間に合わなかった．同年 10 月には，総司令部民間情報局公安課のエン
ジェルは内務省に対し，消防制度に関する覚書きを示し，これを機に政府は消
防に関する組織法と実体的規定法の２本立ての成立を目指すこととなった．

「消防組織法案」が翌11月8日，閣議に付議された．その直後，同月14日には，総司令部公安課長のプリアムは，エンジェルの覚書きに，消防行政を「市町村が管理」することを付記する修正を行い，同月17日に消防組織法の素案が総司令部に提出され，12月23日に成立，公布，翌1948（昭和23）年3月施行されることとなった．

　一方，消防法は翌1948（昭和23）年7月24日公布され，新たに自治体消防発足以前にはなかった予防消防の権限が自治体消防に与えられた．

　こうして，当初の2つの目的はほぼ達成されることとなり，消防行政は自治体が管轄する市町村長の管理下として，警察とは完全に分離され，自治体消防体制に至ったのであった．

（2）市町村消防について

　市町村消防を規定する消防組織法（以下，組織法）は，第1章「消防の任務」，第2章「国の消防組織」，第3章「市町村及び都道府県の消防組織」等の全5章で構成されている．本法の特色として，次の3点にまとめることができよう．1つめは，警察からの消防の分離，2つめは，地方自治の体制の徹底，3つめは，国，都道府県及び市町村間の連携・協力体制の強化である．本項では，この組織法から市町村消防について考えてみたい．

　市町村の消防に関する責任について，市町村は当該市町村の区域における消防を十分に果たす責任を有する（6条）とされ，消防業務の責任が市町村にあること，その管轄区域が市町村の区域であるとされている．また，市町村の消防の管理は，条例に従い，市町村長がこれを管理し（7条），議会の議決を経て制定される条例に基づき行われ，住民代表である市町村長が管理するとされている．市町村消防に関する費用については，当該市町村がこれを負担する（8条）．これは，市町村消防の財源は，国庫補助金をはじめ，都道府県補助金などの助成があるものの，財政的な自立性によって消防業務における自治体の自治確立が目指されている．

　消防機関の設置義務については，市町村は，その消防事務を処理するため，① 消防本部，② 消防署，③ 消防団の全部又は一部を設けなければならない（9条）．①②の設置，位置，名称ならびに消防署の管轄区域は，条例で定め

ることとなっている（10条1項）．①の組織については，市町村の規則で定め，②の組織は市町村長の承認を得て消防長が定める（同条2項）とされている．消防職員については，消防本部及び消防署に消防職員を置き（11条1項），その定員は条例で定めることとなっている（同条2項）．消防職員の任命については，消防長は市町村長が任命し，消防長以外の消防職員は，市町村長の了承得て，消防長が任命する（15条）．以上の規定から，組織については，行政・立法それぞれの住民代表が関与することになっている．

　この点に関し，今吉弘は「住民に身近な行政は市町村に処理させるべきであるとする地方自治の理念と，初動体制の確保と住民の協力を特に必要とする消防行政の特質」と指摘する．さらに，市町村の管理下であることについては，「関係消防職員を任命し，予算を編成・執行し，財産を管理し，消防組織を有効に活動させて，住民の生命，身体，財産を災害から保護する大きな責任を有する」と指摘している［今吉 1979：75］．条例に従って，管理することの重要性として，民主主義の観点から，住民の意思を反映しようとする趣旨が目指されているといえよう．市町村消防に自治体区域に住む住民の生命を守るという行政の責務の一翼を担う役割があるとともに，そのために市町村長がその責務のために消防組織のあり方に対して責任をもつ仕組みとなっている点は，重要である．

（3）特別区の消防行政について

　一方，特別区の消防事務については，その様相がかなり異なっている．それらを見ていくうえで，まず地方自治法（以下，自治法）における特別区の位置づけや東京都との関係について，確認する．

　特別区は，特別地方公共団体であり，都の区である（自治法 281 条1項）．事務処理については，法律または政令により都が処理するもの以外，市が処理することにとされているもの，法律またはこれに基づく政令により特別区が処理することとされているものを処理する（同条2項）．また，都と特別区の役割分担については，都は特別区を包括する地方公共団体として，その事務については，同法2条5項において，都道府県が処理するものとされている事務及び特別区に関する連絡調整に関する事務のほか，同条3項において市町村が処理す

るものとされている事務のうち，人口が過度に集中する大都市地域における行政の一体性および統一性の確保の観点から都が一体的に処理することが必要であると認められる事務を処理するものとされている（同法281条の2）．以上の規定から，1つに，特別区の事務の特徴として，一般的な市町村が処理する事務のうち，一部を都が処理する仕組みとなっている．2つに，特別区の事務の特性として，人口が過度に集中する大都市であるとして，事務の一部を「行政の一体性および統一性の確保」の観点から，都が一部を担っている．これは，東京が①首都，②文化都市，③産業都市，④国際都市としての性格をもつ都市としての建設が目指されたためであり［東京都編2015：516]，この特殊性こそが，現在，東京都に唯一適用される「都区制度」なのである．

つぎに特別区の消防行政について確認していこう．特別区の消防に関する責任について，特別区の存する区域においては，特別区が連合してその区域内における6条に規定する責任を有する（組織法26条）．次に，特別区の消防は，都知事がこれを管理し（27条1項），特別区の消防長は，都知事が任命する（同条2項）．特別区の消防への準用として，特別区の存する区域における消防については，特別区の存する区域を一の市とみなして，市町村の消防に関する規定を準用する（28条）．

特別区の消防は，一般的な市町村と比較すると，1つに，特別区の消防は，一般的な市町村とは異なり，個々の特別区が行うのではなく，特別区が連合して行うことである．2つに，市町村消防の責任はその首長である市町村長の責任とされているが，特別区消防の「管理」は都知事にあり，「責任」は，連合した特別区にあることである．なお，この規程については地方自治法上の一部事務組合の制度とも異なっていることを指摘しておこう．3つに，市町村消防の管轄区域は，その自治体の区域とされているが，特別区消防の管轄区域は，全23区の区域を「1つの市」に「みなす」ことでその管轄区域が設定されているということであり，ここに特別区の消防の特殊性がみてとれる．しかし，あくまで「みなす」のであり，実態として，特別区の全区域を包括する自治体は存在しない．よって，東京消防庁は「現実には存在しない架空の都市」の消防本部をもつ，すなわち「《東京市》の消防本部」といえるのである［永田2009：94]．

第3節 都区制度のなかの東京消防庁

(1) 東京消防庁の沿革

　戦前，東京の消防は警察行政の一部として，帝都としての特殊性から，他の府県とは異なった取り扱いがなされていた．そもそも，1874（明治7）年，警視庁の創設以来，その運営は警視総監によって行われており，東京消防庁の前身は，1880（明治13）年6月，内務省警視局のもと官設消防として，消防本部が設置されたことにはじまる［東京消防史編さん委員会 1978：3］．1946（昭和21）年7月に東京都の消防に対し，GHQより警視庁消防部長に火災予防部の設置について要請がされ，9月に予防課が設置された［火災予防行政50年史編さん史委員会：1998：7］．これにより都民を対象とした火災予防行政が開始されることとなる．同年10月に警察制度審議会の設置，12月に審議会の答申には，警察から消防機能を分離させ，市町村の担当とすることが示された．一方，東京の消防本部を含めた官設消防については，都道府県または大都市に移譲して強化する旨が示され，一般の市町村消防と大都市の消防を区別する観点が示されている［消防行政研究会 1983：28-29］．その後の過程を経て，1947（昭和22）年11月14日のGHQの「消防法案」により，市町村による自治体消防の管理を主とする修正がなされ，その17条に「特別区の存する区域においては，特別区が連合してその区域内における消防の責に任ず」，18条に「特別区の消防には都知事の所轄の下に市町村消防部に相当する特別区消防部を置く」ことが示された．これは12月に制定されることになる警察法に準じて規定されたことによる［東京消防史編さん委員会 1978：36-39］．一方，警察法では，国家警察と自治体警察の2段階となり，特別区については，都特別区警視庁として，23区を対象とした自治体警察とされ，名称については戦前からの警視庁が引き継がれることとなった．そこで，GHQにより，警察と同等の位置付けが要求された消防についても特別区の存する区域が対象とされたのである［火災予防行政50年史編さん委員会 1998：15］．その後，翌1948（昭和23）年3月7日，消防組織法の施行により，市町村の責任において管理する自治体消防制度の移行に伴い，東京消防本部が発足することとなった．同年5月に，GHQからの消防と警察

表6-1　東京消防庁への事務委託の状況

受託年月日	受託市町村
昭和 35 年 4 月 1 日	立川市，昭島市，国立市，小平市，国分寺市，小金井市，三鷹市，田無市，武蔵野市，保谷市，調布市，府中市，日野市，町田市，八王子市，青梅市　…16市
昭和 45 年 4 月 1 日	東村山市…1市
昭和 48 年 4 月 1 日	福生市，羽村町，瑞穂町…1市，2町
昭和 49 年 4 月 1 日	狛江市，東大和市，武蔵村山市，清瀬市，秋川市，日の出町，五日市町，桧原村，奥多摩町…5市，3町，1村
昭和 50 年 4 月 1 日	多摩市…1市
平成 7 年 9 月 1 日	あきる野市（秋川市と五日市町が合併）　1市
平成 13 年 1 月 21 日	西東京市（田無市と保谷市が合併）…1市
平成 22 年 4 月 1 日	東久留米市…1市
計	25 市・3 町・1 村

（出所）永田［2008］に基づき，筆者作成.

の同格の扱いとする要求を受け，東京の消防本部の名称も首都消防にふさわしい名称として，「東京消防本部」は「東京消防庁」に改称された［永田 2009：97］.

　しかし，当初，東京消防庁は，このように特区である 23 区のみを管轄区域として発足された組織であるが，その後，その管轄区域が拡大していくこととなる．昭和 35 年に多摩地区の自治体 16 市からの消防事務委託に始まり，現在では，稲城市，島嶼自治体を以外の区域を全て管轄している[13]．東京消防庁が事務委託を受託している自治体の受託年月日は表6-1のとおりである.

　現在，東京消防庁の管内面積は約 170 ㎢，人口は約 1300 万人となる．消防吏員以外も併せた消防職員は，約 1 万 8600 人となっており，消防団員数は約 2 万 6600 人となっている．また，東京都内の消防本部は東京消防庁のほか，稲城市消防本部，島嶼部（3 本部）の計 5 本部がある（2021 年 10 月現在）.

（2）地方自治からみる東京都の消防行政の課題

　東京都の消防行政の構造上の問題について，永田尚三の指摘を基に考えてみたい［永田 2009：93-112］．1 つめに，現在，稲城市を除く多摩地域の自治体が，消防団に関する事務以外の消防業務を東京消防庁へ事務委託を行っている点で

ある.「事務委託」とは,普通地方公共団体の事務の一部を,他の普通地方公共団体に委託する制度であり,事務に関する管理等については,事務委託の範囲内において,委託を受けた普通地方公共団体又はその執行機関に適用されるものである.さらに,規約で定めるものを除き,委託を受けた普通地方公共団体の当該事務の管理執行に関する条例,規則等として効力を発揮することになる(自治法252条).以上の規定に照らせば,多摩地域の自治体は,消防事務に関しての管理執行権を持ち合わせていないということになる.

　しかし,地域の統治主体としての自治体は,その統治する区域のなかで条例制定権をはじめとした立法自治権を所有し,自治体内部の住民のために行使されるものである[兼子 2012:35-36].本来,消防の任務が住民の生命,身体,財産を守るという消防の使命であることを踏まえれば,こうした状況は課題があるといえよう[14].一方,全国的には,こうした消防行政のあり方は,単独消防での実施が困難な場合,広域連合や一部事務組合が選択される傾向が多い[15].一部事務組合や広域連合は,議会の設置,構成自治体の議員による議会の統制がなされるといった主体的な統治(ガバナンス)の仕組みが存在する[山岸 2013].しかし,事務委託方式は,そうした制度は想定されていない.よって,法規定上,消防に関する責任を市町村が有し,その管理が市町村長にあることをかんがみれば,多摩地域の市町村が東京消防庁へ事務委託している事実は,消防業務についての自治について課題が残るといえよう.

　2つめに,東京消防庁の存在についてである.組織法において,消防について責任を果たすべき主体は,市町村であることは確認したとおりである.つまり,消防業務を行うのは,法的に市町村で規定されているわけで,特別区,東京都が行うことも規定されていない.いうなれば,東京消防庁は特別区の消防本部でもなければ,東京都の消防本部ではない[永田 2008:94].こうした齟齬を埋めるために,組織法では消防について,特別区の連合で責任をもつこと,管理については東京都知事が行うことで,特別区の区域を「1つの市」とみなしている.こうした実態の要因が,「都区制度」にあり,特別区の消防行政のあり方を複雑にしていることは言うまでもない.

　3つめに,都区制度における特別区と東京都の関係,すなわち消防事務における責任と管理の所在の齟齬の発生,すなわちガバナンスのあり方について触

れたい.

　市町村が消防責任を負うのは，市町村の区域である. 自治法5条の規定によれば，市町村の区域とは，その地域内の河川，湖沼，さらにはその地域に接続する領海並びにこれらの上空，地下に及ぶ. そして，市町村の消防は，条例に従い，市町村長がこれを管理するものとされている. よって，市町村がその区域内の消防の責任を有し，市町村が統括し，住民代表としての市町村長が，当該市町村の消防を管理することから，責任が果たされる区域と管理の区域は合致している. また，条例に従い管理することは，民主主義の原理に従い，住民の代表である議会の議決に経た条例により，消防を管理することである[16]　つまり，一般的な市町村の消防事務が，当該自治体の議会の民主的な統制を受け，市町村長のもとで実施されることは，ガバナンスの観点からも，責任と管理の所在は一貫しているといえよう. しかし，特別区の消防は制度上，責任については特別区が連合し，管理は都知事にあることから，責任と管理の主体や所在が不明瞭である. 東京消防庁に関する条例は都議会で制定されていることから，事実上，都と区で企画と実施を分離したような「上下関係」が構築されている側面もある[17].

第4節　地域防災力の強化と市町村消防の管理と責任

（1）市町村消防の意義

　市町村消防の意義についてあらためて考えてみたい. 1つめは，首長をトップとした消防・防災体制の一元化である. 災害対策基本法では，市町村において「地域防災計画」の策定，実施及びその策定のための地域防災会議の設置を義務付けている. 地域防災計画とは，災害対策基本法42条の規定に基づき，市民の生命，財産を災害から守るための対策を実施することを目的とした災害に係わる総合的かつ計画的な対策を定めた計画である. 都道府県あるいは市町村長を会長とする地域防災会議で決定され，地域の防災について市町村長が，地域の多様な主体と共に協議を行い，計画が策定される.

　地域防災計画で定めるべき事項は，災害対策基本法42条2項において，規定されている[18]. それ以外の項目は，各自治体の独自性に委ねられているため，

「避難地」,「防災拠点」の種類, 機能についての統一的な基準はなく, 各自治体が地域防災計画の中で, 地域の実情に応じて, 位置付けていくことになる. 市町村の区域内の自然環境, 社会環境はそれぞれ異なるのであり, その独自性を踏まえた策定が求められているのである. そのうえ, 市町村長が会議の会長となることで, 市町村長が地域の防災についてのトップを担い, 幅広い領域について把握することになる. 市町村長とともに市町村消防の消防長も委員として参加し, 計画策定のプロセスに関ることで, 災害時には行政と消防, さらには地域の連携がはかられることになる[19].

2つめに, 消防における組織についてである. 人事面では, 一般的に消防職員も市職員の一員となる. よって, 消防職員が他部署の職員と平時から連携をはかることが可能になることはもちろんのこと, そうした連携は非常時にも活かされるはずである. また, 職員の異動面では消防職員の他の地域への異動がなされず, 地域に密着し, 地域の多様な主体との信頼関係の構築も可能である. 加えて, 一般的に市町村長に人事権があることから, 防災課に配属された一般職員を「防災のスペシャリスト」として養成することも可能であろう[20].

組織編成については, 防災課を消防本部に配置することで, 防災業務の一元化がはかられる. 消防行政が地方自治の理念に基づき, 住民代表である市町村長が市町村消防について, リーダーシップが発揮できる組織体制は, 災害時において迅速な意思決定に繋がる. 消防署の編成に関し, 組織法では, 設置, 位置, また管轄区域について, 条例に基づき, 消防署の組織は市町村長の承認を得ることとされているが, 地域の防災の状況に応じて, 市町村長の統制のもと消防署の出張所の開設といった組織の編成も柔軟に行うことができるだろう.

3つめに, 消防に係る経費の明瞭さである. 市町村消防に係る経費も, 自治体財政の一部となる. よって, そうした経費については, 予算の段階で自治体議会のチェックが可能となり, 車両や装備品等の更新も計画的に行うことができるであろう[21].

(2) 地域防災力の強化と市町村消防

地域の多様なステークホルダーとの関係の構築も重要である. 地域には自主防災組織をはじめとして, さまざまなステークホルダーが存在する. 消防が地

域に根付いていることは，こうした多様な主体との関係構築が可能であることが示唆される．特に消防団は，重要な役割を担う特別職の地方公務員であり，消防本部や消防署と同様に，消防組織法に基づき，それぞれの市町村に設置される消防機関である．地域における消防防災のリーダーとして，平常時・非常時を問わずその地域に密着し，住民の安心と安全を守る重要な役割をもつ.[22]　なお，組織法では，消防団の設置，名称及び区域は条例で定め（同法18条），その組織については，市町村の規則で定められる（同条2項）．消防本部を置く市町村においては，消防団は，消防庁又は消防署長の所管の下に行動し（同条3項），消防団には消防団員を置き，その定員は条例で定められる（同法19条）．消防団の任命については，消防団長が，消防団の推薦に基づき市町村長が任命し，消防団長以外の消防団員は，市町村長の承認を得て，消防団長が任命する（同法22条）．このように，消防団には，消防団の任命は市町村長が行い，消防団の運営，組織については自治体議会の議決による条例制定に基づいて，市町村の責任のもと行われていることとなっており，消防団のあり方についても民主的統制がはかられることとなっている．特別区の区長は，消防団員の任命権はもつものの，指揮命令権を有しておらず，ここにも特別区の消防の課題がみてとれよう．

　地域には自主防災組織も存在する．自主防災組織とは，主に「共助」を目的とした組織であり，「自分たちの地域は自分たちで守る」という自覚，連帯感に基づき自主的に結成する組織である.[23]　地域防災計画の定めるところにより，市町村と協力して災害応急対策を行い，日頃から顔を合わせた地域や近隣の人々ともに，防災活動に行う.[24]

　地域の防災力を担うステークホルダーの重要性については，2013（平成25）年に制定された「消防団を中核とした地域防災力の充実強化に関する法律」（平成25年法律第110号）にもとづく．本法律制定の背景は，過去の大災害の経験等をふまえ，地域防災体制の確立が課題となっていることに加え，少子高齢化の進展，被用者の増加，自治体の区域を越えて通勤等を行う住民の増加といった社会情勢の変化により，地域の防災活動の担い手を十分確保することが困難な状況にあることがあげられる．以上の背景にもとづき，住民の積極的な参加のもとに，消防団を中核とした地域防災力の充実強化を図り，住民の安全

の確保を資する目的で制定された[25].

　本法律では，「地域防災力」について，住民一人一人が自ら行う防災活動，自主防災組織，消防団，水防団といった地域の多様な主体が行う防災活動に地方公共団体，国及びその他の公共機関が行う防災活動の適切な役割分担及び相互の連携協力によって確保される地域における総合的な防災の体制及びその能力と定義している（2条）．こうした地域防災力の充実強化のために，地域に密着し，災害が発生した場合に地域で即時に対応することができる消防機関である消防団がその中核的な役割を果たすことから，消防団の強化を図ることが求められる．さらに，住民の防災に関する意識を高め，自発的な防災活動への参加を促進，自主防災組織等の活動を活性化等により，地域における防災体制の強化を図ることを基本理念としている（3条）．とりわけ，市町村は，市町村防災計画内に地域防災力の充実強化に関する事項を定め，その実施に努めるものとされている（7条1項）．消防団の強化について，国及び地方公共団体は，必要な措置を講じ（8条），市町村は，防災に関する指導者の確保，養成及び資質の向上，必要な資材又は機材の確保等に努め（17条），消防団が自主防災組織，女性防火クラブ等の教育訓練において指導敵的な役割を担う必要な措置を講ずるよう努めるものとしている（18条）．本法律は地域の防災力や消防団の能力や組織強化のために，国，都道府県，市区町村の役割が明確化され，とりわけ，本法律の趣旨が消防団を中核とした地域の防災力の向上を目的としていることからも，消防団の運営に直接的に関わり，また地域のさまざまな防災組織を抱える市町村の役割は大きい．地域の行政である市町村が，地域の消防力の向上のために，自らの市町村の消防行政を担う意義がより重要になっているのである．

第5節　大都市における防災と消防

　消防事務は市町村が統治主体として，住民の生命，身体，財産を守る責務を担うこととなっており，戦後の民主化改革により，住民に身近な行政は市町村が処理するという地方自治の理念に基づいたものである．

　一方，昨今の地球温暖化をはじめとした気候変動による大雨や台風の巨大化，

さらには首都直下地震や南海トラフといった巨大地震など，住民生活や生命が脅かされる事態の可能性が急激に高まっている．そうした事態に備え，市町村が地域や住民の生活を守る役割の重要性は格段に増している．そのために市町村にとって，地域防災計画の策定や消防団を中心とした防災力の向上は急務である．

そこで，本章では東京都における消防行政をめぐる状況の課題を提示した．1つは，特別区の消防行政のあり方である．2つめに，東京都内の多摩地域の市町村の消防事務の東京消防庁への事務委託である．その状態は「丸投げ」状態である［水田 2012 : 84］．多摩地域は現在約 1160km²に 422 万人の人口を抱えている．その中で，災害時に重要となる初動体制で消防体制が各々の市町村長のリーダーシップによる体制が可能かどうかは疑問が残るといえよう．

一方，大都市では地域コミュニティの弱体化が問題となる．災害時にこそ，地域の連携による共助は不可欠であることからも，地域の防災力の中心的な役割を担う消防団員の確保は，喫緊の課題である．特に，女性消防団員の存在は，災害時の女性被災者の救出時等において，その役割は大きく，女性消防団員の確保はとりわけ急務である．最後に，救急業務についても若干記しておきたい．2020 年以降 COVID-19 の感染拡大により，感染者の救急搬送先についての問題が明らかになった．多摩地域の感染者の救急搬送についても，東京消防庁が行っていることをかんがみれば，市町村住民の搬送先について市町村長の意向が反映されないことになり，東京消防庁と多摩地域の市町村との関係に新たな課題を投げかけるものである．

ここまで，東京消防庁を中心に自治体消防のあり方を考えてきたが，地域における災害をめぐる状況は年々厳しくなっている．人口減少，少子高齢化また地域における防災の担い手の減少をふまえると同時に，大規模な人口，都市機能を包括する大都市における「自助」，「共助」，「公助」による防災体制の強化について，あらためて自治の観点から考えてみる必要がある．

注
1）「保護」とは，予防，警戒，鎮圧，救護等のあらゆる方法から国民の生命，身体及び財産を火災から保護するものである［消防行政研究会 1983 : 81-82］.

2）水火災，地震等とは，水害，火災，地震のほか，暴風，豪雨，豪雪，洪水，津波，山崩れ等が該当する［消防行政研究会 1983：81-82］.

3）消防の沿革に関する記述は，東京消防庁史編さん委員会[1978]，火災予防行政50年史編さん委員会[1998]，今吉[1979] の内容に依拠している.

4）市町村の消防費の財源は主に，使途が限定されていない一般財源となり，地方税や地方交付税によるものである. しかし，市町村の特別な財政需要がある場合は，特別交付金で措置されることとなる［消防基本法制研究会 2013：190-191］.

5）15条2項で，消防長及び消防署長は，これらの職に必要な消防に関する知識及び経験を有する資格として，市町村の条例で定める資格を有するものではならないとされている. なお，2項に規定する者の資格の基準は，政令で定める基準を参酌するものとされている（同条3項）.

　　また，特別区を除く市町村の消防長の階級については，いわゆる指定都市（または人口70万人以上の指定都市以外の市町村も該当するが，現在そのような市町村は存在しない）の消防長が消防司監. 消防吏員数が200人以上または人口30万人以上の市町村が消防正監，吏員数100人以上または人口10万人以上の市町村が消防監となっている（消防庁告示第6号 昭和37年5月23日）.

6）2条5項は，以下の通り. 第5項「都道府県は，市町村を包括する広域の地方公共団体として，第二項の事務で，広域にわたるもの，市町村に関する連絡調整に関するもの及びその規模又は性質において一般の市町村が処理することが適当でないと認められるものを処理するものとする」.

7）同条3項「市町村は，基礎的な地方公共団体として，第五項において都道府県が処理するものとされているものを除き，一般的に，前項の事務を処理するものとする」.

8）幸田は都の特別区に人口が極めて集中し，行政区画を超えた人々の移動，経済活動を踏まえ「大都市地域における行政の一体性及び統一性と表現していると理解すべき」ことを指摘し，さらに「「東京という社会的実態」を考えた場合，他の地域とは異なった「一体性」はある程度あるのではないか」と指摘している［幸田 2014：26］.

9）ここでの内容は，消防基本法制研究会［2013：329-334］に基づいている.

10）6条「市町村は，当該市町村の区域における消防を十分に果たすべき責任を有する」.

11）特別区の消防長は，消防総監とされ，消防吏員の階級の最高位となり，全国で唯一のポストとなっている. 東京の警察本部が警視庁と名乗り，そのトップを警視総監とし，同区域を管轄する東京消防庁のトップを消防総監とした［永田 2009：86］.

12）本条文によれば，消防組織法の「市町村」を「都」と置き替え，「市町村長」を「都知事」，さらには「（市町村の）条例」，「（市町村の）規則」をそれぞれ「（都の）条例」，「（都の）規則」と置き替えることとなるのである. このことから，特別区の区域の消防を担う消防職員は自ずと東京都の職員となる［消防基本法制研究会編 2013：334］.

13）この背景には，高度経済成長期で膨大化する行政需要による財政逼迫のなか，事務委託経費の安さを理由に選択されたという事情がある［永田 2008：93-112］. 自治体議会においてもそうした議論がなされている. 例えば小金井市議会史編さん委員会［1980：

322-323］など参照.

14）永田は，特別区と委託市の消防力の整備状況の違いをあげる．例えば，特別区内の1消防署あたりの住民数が多摩地域と比較して2分の1から3分の1程度であり，「東京直撃型の大災害が起こった際に，特別区の対応で東京消防庁が手一杯になれば，限られた消防資源の効果的投入という消防委託市町村の救援よりも特別区の救援の方が優先される」いった懸念を指摘している［永田 2009：106］.

15）令和2年度現在，単独消防が 437 本部に対し，一部事務組合による消防本部は，289本部．広域連合による消防本部は 22 本部である［総務省消防庁 2020：152］.

16）しかし，消防本部，消防団に，法律上かなりの権限が付与されていることから，市町村長が直接消防職員又は消防団を指揮監督することは法の予定されていないところであり，必要のあるときは，消防長または消防団長を通じて指揮監督権を行使するべきであるとされている［消防行政研究会 1983：81］.

17）例えば，「東京消防庁設置等に関する条例」（1963（昭和 38）年 7 月）は都の条例である.

18）災害対策基本法で規定されている事項は以下のものである．当該市町村及び当該市町村の区域内の公共的団体その他防災上重要な施設の管理者の処理すべき事務又は業務の大綱，防災施設の新設又は改良に関する事項，防災のための調査研究に関する事項，教育及び訓練その他の災害予防に関する事項，情報の収集及び伝達に関する事項，災害に関する予報又は警報の発令及び伝達に関する事項，避難，消火，水防，救難，救助，衛生に関する事項，その他の災害応急対策並びに災害復旧に関する事項別の計画，以上に掲げるもののほか，当該市町村の地域に係る防災に関し市町村防災会議が必要と認める事項である.

19）一般的な市町村の地域防災計画では，消防本部は市の役割の一部に位置づけられている．一方，東京消防庁に委託している都内市町村では，人命救助などに関わる主な役割は「東京都の役割」として東京消防庁の方面本部が組み込まれているのである.

20）事務委託をする市町村の消防防災部局に配属される職員の配属年数については，単独消防の稲城市が 15 年程度に対して，区では平均 3.1 年，市町村では同じく 3.7 年と配属年数の短さが指摘されている．永田はこれら状況について，稲城市では「消防防災のスペシャリストが組織内で養成される」一方で，事務委託している市町村に関しては「消防防災を全く知らない職員が人事異動で配置され，ゼロから勉強し，やっと分かって来た頃に別の部署へ異動となる．よって，ジェネラリストは育っても，消防防災のスペシャリストは育たない」と指摘する［永田 2009：109］.

21）この点については，稲城市において実施したヒアリング調査においても，こうした状況が確認できた．なお，同調査は，稲木市消防本部において 2021 年 10 月 5 日に実施したものである．ヒアリングに応じていただいた田中誠一消防長および高野芳明消防総務課長ならびに調査実施にご尽力いただいた杤場恵子秘書広報課長に心より感謝申し上げたい.

22）総務省消防庁 HP「消防団　自らの地域は自らで守る」（https://www.fdma.go.jp/relocation/syobodan/about/role/, 2021 年 10 月 19 日閲覧).

23) 同上.

24) 自主防災組織の活動としては以下のものが挙げられる.

　　（平常時）防災知識の普及，地域の災害危険の把握，防災訓練の実施，火気使用設
　　　　　　備器具等の点検，防災用資機材の整備等.

　　（災害時）情報の収集・伝達，出火防止・初期消火，住民の避難誘導，負傷者の救
　　　　　　出・救護，給食・給水等の活動［総務省消防庁 2021：277].

25) 総務省消防庁 HP（https://www.fdma.go.jp/relocation/syobodan/about/laws/, 2021 年
　　11 月 8 日閲覧).

参考文献

今吉弘[1979]『現代地方行政講座［6］警察消防行政：他』ぎょうせい.

大杉覚[2009]「都区制度改革と大都市東京」『都市問題研究』61（4）.

火災予防行政 50 年史編さん委員会[1998]『火災予防行政 50 年史』東京消防庁.

兼子仁[2012]『変革期の地方自治法』岩波書店.

幸田正治[2014]「都区制度における『一体性』と大阪都構想の持つ意味」『年報行政研究』
　　49.

消防基本法制研究会編[2013]『逐条解説 消防組織法第 3 版』東京法令出版.

消防行政研究会[1983]『消防 現代行政全集㉔』ぎょうせい.

総務省消防庁[2021]『令和 2 年度版　消防白書』.

東京都（東京都公文書館）編[2015]『都史資料集成Ⅱ 第 2 巻 自治体東京都の出発』東京
　　都公文書館.

東京消防庁史編さん委員会[1978]『火災予防行政 30 年史』東京消防庁.

永田尚三[2009]『消防の広域再編の研究』武蔵野大学出版会.

――――[2012]「消防防災行政における二重行政――東京消防庁方式を用いた一元化の危
　　険性――」『武蔵野大学政治経済研究所年報』6.

山岸絵美理[2013]「広域行政のガバナンス――広域連合と一部事務組合の比較から――」
　　『政治学研究論集』37.

（山岸　絵美理）

第 7 章

都区制度改革と清掃事業
──東京 23 区の事例に見る大都市清掃事業の未来──

第 1 節　大都市の清掃事業への視点

　2015 年 5 月の住民投票により僅か約 1 万票の差で否決されたいわゆる「大阪都構想」は，区割りの見直し等を行って再度提案された．2020 年 9 月に大阪府議会と大阪市議会で「大阪都構想」の設計図ともいえる「特別区設置協定書」を採決し，10 月にかけて住民説明会を行い，11 月 1 日（日）に住民投票が行われた．結果，大阪市を廃止して 4 つの特別区に再編する案は，2015 年と同様に約 1 万 7000 票の僅差で反対が多数となり否決された．

　これらの過程では，「大阪都構想」という言葉のみが独り歩きし，「二重行政の解消」というキャッチフレーズは認知されたものの，肝心の特別区設置後の行政サービスの提供方法等といった特別区制の具体的な制度内容については有権者に十分に理解されていない様相を呈していた．これまで受けてきた行政サービスが，特別区の設置後にどのような形で提供されるかを理解し，そのメリットやデメリットを正確に説明できるほど新制度を深く理解した住民は少なかった．

　この点について「特別区設置協定書」では，現在の大阪市の事務は基本的に新設される各特別区へ分散的に移管し，それらから行政サービスが提供されるようになっていた．しかし，専門性やサービス実施に係る公平性や効率性の確保のため，介護保険事業，民間の児童養護施設等や保護施設の設置認可に関する事務，住民情報系 7 システムの管理，福祉施設や市民利用施設の施設管理等の業務は，設置される一部事務組合（「大阪特別区事務組合」）により共同処理さ

れるようになっていた．よって特別区が設置されると，大阪府，特別区，一部事務組合といった３つの地方自治体により行政サービスが提供され，複雑な提供形態になる状況が見込まれていた．

結果的に「大阪都構想」は否決されたが，今後の都市経営手法の１つとして大都市地域特別区設置法により政令指定都市を廃止して特別区を設置する際には，設置後の行政サービスの質とその提供方法の視点からも特別区の設置の是非を判断する必要がある．その際には，同じ特別区が設置されている東京23区の経験を活用して判断するのが有意義となる．

そこで本章では，大都市が提供する公共サービスである清掃事業に着目し，都区制度改革における清掃事業の区移管についてその沿革を示すとともに，移管後の形から生じた東京23区の清掃事業の課題を述べ，清掃事業の区移管がもたらした問題点を明らかにする．そのうえで，「大阪都構想」における清掃事業の実施方法に照らし合わせてどのような問題が生じようとしていたかを確認し，今後の大都市の清掃事業のあり方を展望してみたい．

第２節　都区制度改革の概要と清掃事業の移管

（１）　都区制度改革の沿革

都区制度改革の沿革は，特別区協議会[2011]によれば，特別区の自治権拡充の歴史の中で捉えられ，1947年から1952年までの民主化を進める占領政策の中で展開された第１期と，その後から2000年までの基礎的自治体への復権を求めて展開された第２期の中で，合計４次にわたる都区制度改革がなされてきたと整理されている．本章でもその枠組みを利用しながら都区制度改革の沿革を捉えていく．

第１期は，1947年の地方自治法により基礎的自治体として発足した特別区が，それに相応しい人事，財政権の確立を目指した時期である．そこでは，都区間に生じた紛争の激化や，「民主化の推進」から「早期経済復興」へといった占領政策の転換を背景とする「第１次制度改革」（1952年地方自治法改正）により，特別区が基礎的自治体の位置づけを奪われ都の内部団体となり，区長公選制が廃止された．

表 7 - 1 自治権拡充と地区制度改革の変遷

		1943 年	東京都制	東京都誕生（東京府・東京市廃止）※区と区会は存続	帝都の性格に適応する体制の確立
第1期		1947 年	地方自治法成立	特別区は基礎的な自治体（都区 2 層制）※戦後民主化の徹底（都区間の紛争激化）	特別区は，原則として市と同様の権限を有するが，特別区の存する区域においては，都も市と同様の権限を有し，都区間の事務配分が不明確．
		1952 年	地方自治法改正（第 1 次制度改革）	特別区は都の内部団体（都が基礎的な自治体）※区長公選制廃止 ⇒ 区長選任制へ	第 1 号から第 10 号まで特別区の事務が列記され，市が処理する事務であっても列記に含まれないものは都が処理するとされた．
第2期	前半	1964 年	地方自治法改正（第 2 次制度改革）	特別区に権限を移譲※福祉事務所の移管，都区協議会の設置など	列記される事務が大幅に改められ，福祉事務所の設置や生活保護をはじめ社会福祉に関する事務，保健所の施設の管理，汚物の収集・運搬の事務が追加される．ごみの収集・運搬に関する事務については，附則第 1 条で，別に法律で定める日まで都が処理するとされた．
		1974 年	地方自治法改正（第 3 次制度改革）	特別区は実質的な自治体※区長公選制の復活，人事権の確立など	特別区の事務を列記する形から概括的な規定に改められ，特別区の処理する事務の範囲の考え方が広がる．附則第 19 条で，保健所設置市の事務が特別区の事務とされ，都から移譲される．
	後半	1998 年	地方自治法改正（第 4 次制度改革）	特別区は基礎的な自治体（2 層制復活）※財政自主権強化，清掃事業移管など	特別区は一般の市と同等の事務を処理することが原則となる．一般廃棄物の収集・運搬を都に留保する附則の規程が削除され，特別区の事務となる．あわせて，廃棄物処理法の改正により，処理・処分を含めた清掃事業が特別区の事務とされ，都から移譲される．

（出所）特別区協議会 [2011：2015] をもとに筆者が作成．

　一方，第 2 期は，福祉事務所の移管，都区協議会の設置などを行った「第 2 次制度改革」（1964 年地方自治法改正）と，区長公選制の復活，人事権の確立などが行われた「第 3 次制度改革」（1974 年地方自治法改正）を含めた前半と，財政自主権の強化や清掃事業移管が行われ基礎的自治体の法的な地位を取り戻していった「第 4 次制度改革」（1998 年地方自治法改正）の後半に分けられている（表7-1）．

このような都区制度改革の流れにおいて，清掃事業の区移管と関係する改革の概要について確認していく．

（2）　第2次・第3次制度改革と清掃事業

1950年代後半より東京への人口や産業の集中化が進み，都市基盤整備の遅れや都市機能の行き詰まりにより都市問題が深刻となった．しかし都の対応が追いつかず，その状況を改善するために事務を特別区に移管する流れの中で第2次制度改革が行われた．1964年の地方自治法の一部改正により，福祉や衛生などの5分野の事務が都から特別区に移管された．清掃事業では，道路清掃，公衆便所，公衆用ごみ容器の設置及び管理が特別区に移管された．なお，ごみの収集・運搬に関する事務については，地方自治法附則で「別に法律で定める日」まで都の事務とされた．

しかし，大都市東京をめぐる都市問題へは第2次制度改革のみでは十分でなく，問題はさらに激化し抜本的な対策が必要となった．また，第1次制度改革で区長公選制が廃止され，区議会が都知事の同意を得て選任する区長選任制となったが，都市化の進展により区議会の多党化が進んだため区長を選出できず，区長不在の状態が長期間生じた区もあった．そこで，住民が選挙で候補者を選出する準公選運動が始まり，品川区では区長候補者が選出された．このような流れの中で，特別区の自治権拡充運動が活発化し，1974年の地方自治法の改正により第3次制度改革が行われた．主な改正内容は，区長公選制の復活，また，一般市に属する事務を特別区が，法律や政令で決められた事務を都が行うように変更する点であり，これにより保健所の設置のほか，一般市で行う業務96項目が特別区に移管された．また，人事面では都区配属職員制度を廃止し，特別区の人事権が確立された．

なお，清掃事業については，制度改革による事務の移譲はなされなかったが，同時期に関係法案の変更が行われた．すなわち，清掃法（1954年）の規定では清掃事業は市町村の事務，ただし特別区を有する区域では都の事務とされていたが，法の全般的改定により制定された廃棄物処理法（1970年）では，一般廃棄物の収集・運搬に関する事務は特別区の事務とされた．しかし，先述の地方自治法附則の規定により都が事務を担うままであった．

（3）　さらなる自治権拡充に向けて

　第 3 次制度改革は特別区の自治権拡充に一定の成果をもたらした．しかし，特別区は都の内部団体のままであり，都は広域自治体と基礎自治体の両方の役割を担っているため両者の役割分担が不明確となった．よって特別区は自治権の拡充，都は広域的立場で大都市行政を徹底，といった観点から，都区制度を見直す必要が生じた．

　そこで 1986 年，都区協議会において「都区制度改革の基本的方向」が決定された．そこでは，特別区を基礎的な地方自治体に位置づけ，住民に身近な事務をできるだけ区に移し，事務権限とともに自主財政権を強化すること，一方，都の府県機能を充実させ広域的な大都市行政を推進していく，といった方針が確認された．この文脈において一般廃棄物の収集・運搬に関する事務は特別区が行うことで合意し，これが端緒となり清掃事業の区移管が推進されていった．

　都と特別区は政府に地方自治法の改正を求め，地方制度調査会で審議がなされ，1990 年に第 22 次地方制度調査会により答申が出された．そこでは，清掃事業の移管には，① 住民の理解と協力，② 関係者間の意見の一致，が必要であるとされ，都と職員団体の合意形成が進められていった．

　1993 年から労使協議が進められ，1994 年 3 月に都と職員団体間で「清掃事業のあり方について」がまとめられた．その中では，各区が収集・運搬，中間処理，最終処分という清掃事業の全てに責任を負う「自区内処理」については一致を見たものの，区移管実施にあたって最も重要な条件整備の問題等については，大きく意見が食い違う結果となった．すなわち，職員団体は「条件整備を行い，実際に各区が清掃事業の全てに責任を持つ体制・能力が整備・確立されるまで，清掃事業は東京都が行うべき」であるとし，一方，都は「自区内処理の原則の実現に至るまでの間，過渡的・経過的対応を図りつつ，あるべき姿の実現を目指す」とされていた．よって，これらの両論が併記されるようになった．

　その後，都は特別区と移管に関する協議を行い，1994 年 9 月に「都区制度改革に関するまとめ（協議案）」に合意し（以下，「1994 年都区合意」），各区が収集・運搬，中間処理，最終処分で構成される清掃事業の全てに責任を負い，自己完結的な事業としていくことを確認した．また，この協議案を基に労使交渉

が行われ，同年 12 月に「清掃事業の特別区への移管に関わる覚書」(以下，「1994 年覚書」)を締結した．そこでは，① 移管日は 2000 年 4 月，② 移管にあたっては条件整備（新海面処分場の供用開始，直営車の車庫整備，地域処理を図れる程度の可燃ごみの全量焼却体制など）がなされていることが前提，③ 移管に先立つ条件整備等の達成状況を確認する労使協議の場の設置，等が確認された．これらの「1994 年都区合意」と「1994 年覚書」によって一定の合意に達したため，都知事は自治大臣に対し法令改正を要請した．

（4）　第 4 次制度改革と清掃事業の移管

「1994 年覚書」に基づく条件整備の進捗状況を確認する労使協議の場として，1997 年に「清掃区移管問題対策委員会」が設置され，7 回の対策委員会，15 回の小委員会が開催された．第 5 回対策委員会では，都から「23 区一括委託方式」が提案された．これは，清掃事業の区移管を含む都区制度改革を実施していくにあたり，条件整備無き区移管を認めない職員団体との折り合いをつけるため，清掃事業を形式上いったん区移管し，同時に区から都に委託する形をとる案であった．そして同年 12 月，この件も含め移管への条件整備の進捗等を記載した「清掃事業の区移管に関する確認書」(以下，「1997 年確認書」)を都と職員団体が取り交わした．

　ところが，自治省から都に対し，「23 区一括委託方式」は認められないとする「自治省見解」が指摘され，その後知事・労組会談で協議し，一括委託方式の実現は困難な状況である，しかし「何らかの一括方式」は必要，「1997 年確認書」の遵守，を確認した．その翌日，知事は自治大臣に 1998 年の通常国会で法改正を実現するよう要請した．

　1998 年 3 月の労使協議では，自区内処理問題は棚上げして今後の事業運営形態を協議していくことにし，未だ手つかずであった「身分・雇用と労働条件」について詰めていった．これにより，実質的に自区内処理が実現されなくても清掃事業が区へ移管される状況となった．同月，廃棄物処理法の改正を含む「地方自治法の一部を改正する法律案」が通常国会に提出され，5 月に衆参両院とも全会一致で可決された．これにより特別区は基礎的な地方公共団体となり，財政自主権を含め区の自主性・自律性を強化し，清掃事業等の住民に身

表7-2　移管後の清掃事業における都と特別区の役割分担

東　京　都	特　別　区		
	各　　区	協議会	一部事務組合
循環型社会づくりの推進	一般廃棄物処理計画の策定	一般廃棄物処理業,浄化槽清掃業の許可等に関わる業務(管理執行事務)	清掃工場等の整備・管理・運営
区市町村の廃棄物処理に関する財政的・技術的援助	分別収集計画の策定		不燃ごみ及び粗大ごみ処理施設の整備・管理・運営
新海面処分場の設置・管理・運営	大規模排出事業者等に対する排出指導	雇上車両関係事務(管理執行事務)	
産業廃棄物に関する事務	一般廃棄物処理業の許可及び指導	ごみ量予測等の調整	し尿投入施設の整備・管理・運営(上記3点には下記を含む)
一般廃棄物処理施設の届出及び許可・指導	ごみ, し尿の収集・運搬・中継作業	廃棄物手数料に関する調整	・施設整備計画の策定
など	ごみの再利用, 資源化の推進	大規模排出事業者等に対する排出指導等の調整	・建設, 建替, プラント更新, 改造
	容器包装廃棄物の分別収集の実施	など	・焼却灰, スラグ等の輸送
	動物の死体の処理(飼主等からの依頼分)		・清掃工場運営協議会の運営
	浄化槽の設置の届出及び指導		・発電, 余熱利用
	浄化槽清掃業の許可及び指導		搬入調整
	浄化槽保守点検業者の指導		あわせ産廃の処理
	など		など

(出所) 東京都 [2000 : 379].

近な事務が移管されるようになった (第4次制度改革).

　この法改正より, 2000年4月からは, 一般廃棄物の収集・運搬から最終処分までが特別区の事務となったが, 収集・運搬は各特別区が実施, 中間処理は

2005年のダイオキシン類対策期間中までは一部事務組合（東京二十三区清掃一部事務組合，以下「清掃一組」）を設置し共同で清掃工場の管理運営を行い，それ以降はその時点で決定，最終処分は特別区から委託を受けた都が行うようになった．なお，各種連絡調整事務を担う東京二十三区清掃協議会も設置された（表7-2）．

　また，清掃職員の身分については，「1994年都区合意」や「1994年覚書」に基づき，2000年3月31日現在従事している職員を，4月1日から6年間区に派遣し，その期間終了後は派遣された区の職員とするようにした．なお，移管に際して勤務条件等については，処遇総体の水準が低下しないとされた．

第3節　清掃事業から見た都区制度改革

　4度にわたる都区制度改革を通じて，特別区は都の内部団体から基礎的自治体となり，自治権も大幅に拡大した．住民に近い身近な事務を特別区が担えるようになり，各区の地域事情や住民ニーズを踏まえた特色ある清掃事業を展開する形が整備された．

　しかし，区移管後の清掃事業の形を見ると，清掃事業の全てに責任を負う「自区内処理」とはならず，収集・運搬，中間処理，最終処分の流れが3つの地方自治体に分担されてしまった．その結果，組織の壁が自ずと生じ，清掃事業を相互に補完し合い一貫性を保ちながら一体的に進めにくくなってしまった．よって，その調整コストも新たに生じ，業務運営に手間がかかるようになってしまった．一方，住民にとっては，収集・運搬業務を各区が行うようになりより身近な行政サービスとして受け止められるようになったが，中間処理や最終処分は遠いところにある漠然とした事業となってしまった．現在でも，清掃工場は区の直営であると認識している（清掃一組を知らない）住民も少なくない．また，清掃事業が各区のマネジメントの中で適正化されていったため，23区全域を広域的にカバーする大きな事業主体から得られるスケールメリットが発揮されにくくなり，そこから得られる価値を住民が十分に享受できず，全体的・総合的な視点からはサービス低下になってしまった様相を呈している．

　以下，これらの課題のいくつかを取り上げ，詳細を述べてみたい．

第4節　東京 23 区の清掃事業の課題

（1）　組織間の壁や連携の欠如による弊害

　2000 年の清掃事業の区移管により，収集・運搬は 23 区が，中間処理は清掃一組が，最終処分は東京都が業務を担うようになり，これまで東京都による全ての業務の掌握により実現していた一貫性，統一性・一体性は確保されなくなった．これにより自治体間の壁が自ずと生じ，連絡・調整や連携がいっそう必要となったが，それらが十分に行われているとは言い難い状況にある．

　その 1 つに収集・運搬と中間処理の間に生じている連携不足がある．近年，清掃工場に不適正廃棄物が搬入され，緊急停止を余儀なくされるケースが多発している．これらの停止は，清掃工場の受け入れ基準を無視したごみの搬入や，ごみの未分別に起因しており，近年では水銀を使用している製品（水銀体温計，水銀血圧計）が可燃ごみとして清掃工場に搬入され，焼却炉が操業停止となった．

　水銀混入ごみによる焼却炉の停止に関わる復旧には多大な時間と費用がかかり，2010 年の足立清掃工場では約 3 カ月で約 3 億円，2014 年の中央清掃工場では約 4 カ月で 2 億円もの費用がかかった．また，当該清掃工場に搬入していた区は，別工場に遠距離搬入を強いられ，定時収集のために別途清掃車両を手配するコストも生じた．このように，清掃工場が計画外停止するたびに，何百万円，何千万円といった住民の税金がやむを得ず使われている．

　このような状況に対し，収集・運搬と中間処理が同一主体により運営されていれば，清掃工場での緊急停止を防止するようなごみの分別排出を促しながら収集・運搬を行う取り組みが積極的になされていくであろう．しかし，現在は別々の地方自治体で運営されているため連携が十分に取れているとは言い難い．不十分な分別に起因する清掃工場の緊急停止でどれぐらいの損失が住民に降りかかるのかが十分住民に伝えられているとはいえない．清掃一組から各区に提供される情報を，各区は住民にそれほど積極的に伝えていないようであり，清掃工場の計画外停止・復旧費用と徴収される税金とが直結していると住民には実感されていないようである．

　また，収集・運搬，中間処理，最終処分からなる清掃事業の一貫性の欠如に
起因する自治体間の連携不足も存在し，それが最終処分場の延命化についての
住民周知において顕著に見受けられる．東京湾にある 23 区の最終処分場の寿
命は，残余容量及び「廃棄物等の埋立処分計画」から算出すると，今後 50 年
間以上の埋め立てが可能と推計されている．しかしその後は 23 区が処分場を
確保する必要があり，そのような場所を 23 区内に確保するのは不可能である
ため，最終処分場の延命化が唯一の手段となる．よって最終処分場への搬入量
を減らすほかなく，ごみの量を減らすとともに中間処理後に生じる灰の搬入を
減少させていくしか方法がない．しかし，このような最終処分場の逼迫してい
る状況を，各区が積極的に住民に伝えているとは言い難く，住民の認知度は低
い．各区の広報誌においてごみ減量やリサイクルについては取り上げられるが，
最終処分場の延命化の視点から取り上げられるケースはそれほど見受けられな
い．

　これらは別々の地方自治体により清掃事業が運営されているがゆえ，一貫性，
統一性・一体性の欠如による弊害が生じているケースであるといえる．同一主
体で運営していれば，自治体間の連携不足といった問題は生じず，最終処分を
意識したごみの減量や分別が住民に積極的に周知されるであろう．

（2）　マンパワーやリソース不足による清掃事業の劣化

　2000 年の清掃事業の区移管により，清掃職員と機材は各区に移管された．
その後，地方自治体の厳しい財政状況を改善すべく小泉政権が地方行政改革を
主導し，「集中改革プラン」の作成による組織再編や定員管理等の行政改革の
中で清掃リソースの管理も行われていくようになった．その結果，退職不補充
により清掃職員は削減され続け，清掃行政が都の所管であったときに存在して
いた 8000 人の清掃職員は，現在ではその半数以下の人員となってしまった．
清掃事業の区移管後 20 年が経過してもその間に 1 人も採用していない区は 5
区存在し，若手職員が入ってこず清掃職員の高齢化が進む状況にある．これま
で退職不補充であった区が 2021 年度に新規採用を行ったケースもあるが，依
然として全体的に清掃職員は削減される傾向にある．

　このような各区での定員管理の実施に起因するマンパワー不足はさまざまな

影響を及ぼしている．それらのうち3点をあげておく．

　第1は，今後の清掃事業の劣化が見込まれる点である．退職不補充により次世代の清掃行政を担う若手職員が入ってこず，ノウハウや知識も継承されない状態が続いている．これは，これまで現場で積み重ねてきた経験が次世代に伝えられず，長期的には現在のようなサービス水準が維持されない状況が生じることを意味する．今回のコロナウイルスへの対応で培った経験も次の世代に継承されず，今後来るかも知れない未知なるウイルスへの対応が十分に行われず，清掃事業の継続が危ぶまれる可能性も見込まれる．

　第2は，委託による業務のブラックボックス化が進み，脆弱な業務実施体制となってしまった点である．退職者不補充の代替手段として作業員付きの車両の配車を受ける車付雇上〔しゃつきようじょう〕を取り入れる区もあるが，この形では仕事そのものを手放すため，現場でどのような作業が行われているかの区側での把握が困難となり，委託した業務を直ぐに取り戻して代行するのが難しい状態となってしまった．一方，清掃職員の採用を行った区でも，収集職員は採用しても運転手の採用はなされておらず，運転職員の退職補充は雇上会社からの運転手付きの車両で賄われている．結果，23区で保有する清掃車は収集サービスの提供で必要になる台数のうち2割程度しか占めておらず，自ら所有する清掃リソースのみでは通常のごみ収集サービスの提供が難しい状況となっている．

　第3は，災害時に被災地への支援が送り出せず，自らの被災時に現場を仕切るノウハウを得られない点があげられる．これは平常時の業務遂行を前提にした定員管理がなされているからであり，通常業務を行いながらでは支援に出す人員や機材を捻出することは非常に難しい．2019年の台風15号は千葉県に甚大な被害をもたらしたが，支援を要請された23区の中には人員不足で通常業務から人員や機材を捻出できず，派遣を断念した区もある．災害派遣された清掃職員は災害廃棄物処理のノウハウを学べ，その経験を自らの自治体が被災した際に役立てられようが，そのような形を構築できない区も出てきている．

　これら以外にもさまざまな影響が生じているが，それらの背景にはマンパワー不足があり，さらにその根源には各区単位で行われる定員管理と，組織間を跨いだ人員融通の硬直性が存在する．清掃事業はさまざまな状況の変化に応じて柔軟に対応していく必要があるため，大規模な事業体で事業を実施してい

く方が人員の補充や不足箇所への融通ができ，マンパワー不足に起因する清掃
事業の劣化を防止できる可能性が高くなる．

（3）　緊急事態下での清掃事業継続への懸念

　人員削減と同時に組織のスリム化も行われ，現業職員のみならず管理職も削
減する文脈で清掃事務所の集約化が進められていった．2000 年の区移管後，
人員削減や業務の効率化により清掃事務所を統合した区は 3 区存在する[1]．東京
都が清掃事業を実施していたときにも清掃事務所が区に 1 カ所しか設置されて
いなかった区も加えると，事務所が 1 つしかない区は 9 区にものぼる．

　コロナウイルスにより清掃事業は社会に不可欠であると広く認知されてきた
が，その事業の拠点となる清掃事務所でクラスターが発生してしまうと，清掃
事業がたちまち立ち行かなくなる．この点に関し清掃事務所が複数存在する品
川区では，それらに人員を均等に振り分け，仮にいずれかの事務所でクラス
ターが発生しても他方がカバーし継続的なサービス提供が行えるような工夫を
施している．しかし，清掃事務所が 1 カ所しかなければ，万一そこでクラス
ターが発生すると，しばらくは清掃サービスの提供はできなくなる．街にごみ
が溢れかえり非衛生的な生活環境と化す．

　清掃事業は緊急事態下であっても人が生活する限り継続させていく必要があ
る．そのためにも，可能な限り冗長性を持たせ，社会にとって必要不可欠な清
掃サービスをいかに安定的・継続的に提供していくかといった手法が問われて
いる．この点に鑑みると，これまでの行政改革は，過度に効率性が追求され，
車のハンドルでいう本来必要な「あそび」の部分までも削ぎ落す状況であり，
想定外の事態には対応しにくい体制へと変える「改革」であったといえよう．

（4）　23 通りの清掃実施手法

　2000 年の区移管により，各区が裁量を持ってそれぞれの地域に応じた清掃
事業を展開できるようになった．いくつかの区では集積所収集に変えてごみの
排出意識が高まり易い戸別収集を行う等，自治体の考えや地域の事情に沿った
収集サービスが展開できるようになった．しかし，一方で，各区が裁量を持っ
たため分別基準は区毎に相違するようになり，23 通りの清掃実施手法が存在

するようになった．その原因はプラスチックの取り扱いであり，容器包装リサイクル法に基づき資源として扱う区もあれば，一部を資源とし残りは可燃ごみに分類したりする区も存在する．

　筆者は上京して練馬区に，その後は板橋区に居住しているが，ペットボトルのキャップやラベルの取り扱いが相違し戸惑った経験がある．練馬区では，キャップとラベルは容器包装プラスチックとして資源回収するが，板橋区ではそれらは可燃ごみとして扱われる．23区内で転居する度に住民は転入先の分別基準を確認する手間がかかり，以前と同じであると思って排出していると，不適正排出として取り扱われてしまう可能性がある．

　一方で，清掃工場等や最終処分場は共用であるため，「ねじれ現象」が生じている．それは，リサイクルに力を入れている区に設置されている清掃工場に，当該区で資源に位置付けているプラスチック製容器包装類が近隣他区から可燃ごみとして搬入され，焼却処理されてしまうという現象である．一例をあげると，葛飾区ではプラスチック製容器包装の分別収集を実施しているが，分別収集を実施していない足立区からプラスチック製容器包装も含めた可燃ごみが葛飾区内に設置された清掃工場に搬入され，焼却処理されている．また，練馬区の清掃工場には板橋区からのプラスチック製容器包装も含めた可燃ごみが搬入されており，これらと同様の現象が23区内の複数の清掃工場で生じている．

　分別基準が相違するのは，それぞれの区の施策の違いや考え方の違い，リサイクルへの予算配分の違いが存在するからである．リサイクルに力を入れると，その処理への相応の費用を負担する必要が生じるが，その一方で焼却処理ならばコストが低くなり，その予算を他の自治体事業へ割り振りできるようになる．各区の置かれた状況が相違するため，統一的な分別基準の策定には至りにくい．

　基礎的自治体となった23区は自主性・独立性が強化され，各区が独自性を発揮してそれぞれの区の事情に相応した清掃事業を展開することができるようになった．しかし，その結果，資源循環型社会の構築といった社会全体の大きな目的を達成していく方向性との不整合が生じるようになってしまった．

第5節　東京23区の実態から見る「大阪都構想」の清掃事業

（1）「大阪都構想」における清掃事業の移管の方向性

　「大阪都構想」では特別区の設置に伴い大阪市が廃止されるため，清掃事業の実施主体である大阪市環境局の業務は必然的に大阪市以外の地方自治体に移管されるようになる．この点について「特別区設置協定書」では清掃事業の移管は言及されておらず，どのような形で移管されるのかは明確に定められていなかった．とはいえ，特別区設置後の清掃事業の移管先の可能性としては自ずと，①新設される4つの特別区のそれぞれへ移管，②新設される「大阪特別区事務組合」へ移管，③既存の大阪広域環境施設組合へ移管，のいずれかとなる．この点に対し大阪市に見解を尋ねたところ，①の新設される4つの特別区への清掃事業の移管が想定されていた．その理由としては，より地域に密着した廃棄物処理・リサイクル等の環境行政による地域の生活環境の向上の観点から，各特別区でごみの収集・運搬業務を実施すると考えられていたからであった．

　この点に鑑みると，特別区設置後の大阪の清掃事業は，一貫性，統一性・一体性の観点から東京における2000年の清掃事業の区移管により生じた問題と同様の課題を抱えるようになっていたと考えられる．東京23区での課題となっていた，①組織間の壁や連携の欠如による弊害の発生，②マンパワーやリソース不足による清掃事業の劣化，③緊急事態下での清掃事業継続への懸念，④区毎に相違する清掃実施手法，といった課題が大阪での清掃事業でも生じ，大阪市が提供していた清掃サービスよりも質的に低下すると考えられた．もちろん①については，現在の大阪市の清掃事業でも，中間処理と最終処分を大阪広域環境施設組合に移管しているため，既に現状で発生している問題と考えられるが，とりわけ②と③については大きな課題となると考えられるため，以下で詳細を述べてみたい．

（2）特別区単位の定員管理による清掃資源融通の硬直化

　大阪市が廃止されて各特別区が設置されると，当該各特別区において自らの

自治体の財政能力に見合ったヒト・モノ・カネのマネジメントが行われていくようになる．清掃事業についても同様に，自らの収集・運搬業務を運営するに見合ったリソースへの適正化が進められていくようになる．特別区毎に適正化を行うことは管理単位の増加を意味し，より狭いエリアをより細かく管理できるようになり，適正化が推進されていく．しかしそこでなされる適正化は自らの自治体を前提とする適正化であり，近隣の自治体も交えた適正化がなされるわけではない．よって，自治体間を跨いだ人員や機材の融通は硬直化する．

この点において大きな影響が生じるのが，これまで大阪市が広く担い全国的に貢献してきた災害派遣である．近年において大阪市は，2019 年に台風 19 号の災害に見舞われた長野県長野市に，また 2020 年には豪雨被害に見舞われた熊本県人吉市に，延べ 120 名以上に及ぶ清掃職員や相応の車両を災害派遣として送り込んでいた．いずれも災害廃棄物処理業務に従事し，被災地の復旧・復興に大きく貢献した．

このような支援が可能となるのは，大阪市の清掃事業が大規模な事業体であるがゆえ，全域的な清掃リソースの融通により清掃職員や機材を捻出できたからである．1 つの事業体であるため，自治体間を跨ぐ人員や機材の融通は存在せず，柔軟に清掃リソースをコントロールでき，災害派遣用のリソースの捻出ができた．

しかし，特別区単位で細かく清掃リソースのマネジメントが行われるようになると，大きな事業体で実施可能となるスケールメリットを活かした人員や機材の捻出は難しくなる．よってこれまで大阪市が行ってきた災害支援は，特別区が設置され清掃事業が移管されると，従来どおりの支援は難しくなると推察される．

なお，災害の支援は，自らの地域のごみの収集・運搬でなく住民に何らかの行政サービスが直接的に提供されるわけではないが，万が一大阪市域が災害に見舞われた場合には，これまでの被災地支援で蓄積してきたノウハウを活用して手際よく復旧作業を進められる．また，これまで支援してきた地方自治体からの応援が見込まれる．よって，他自治体への災害の応援は将来への蓄積と解釈でき，被災時に住民に還元されていくようになる．

（3）困難となる冗長性の確保

　清掃事業を継続的，安定的に提供するには，清掃行政の拠点で清掃職員や清掃車が配備された清掃事務所が通常どおり機能する必要がある．しかし清掃事務所でクラスターが発生し数週間の閉鎖に追い込まれると，当然ながら通常の清掃サービスの提供は不可能となる．

　それが起きたのが神戸市環境局須磨事業所であった．2020年4月20日までに収集職員7人の感染が判明したため，須磨事業所をその後2週間閉鎖した．その後，消毒を行い一部の地域の収集業務を再開させていったが，クラスターの発生から全機能の回復までは1カ月も要するダメージとなった．幸いにも神戸市には行政区に対応した9つの清掃事業所があったため，他の事業所の清掃職員がカバーする体制を構築でき，この難局を乗り切れた．須磨事業所が閉室した際は，隣接する長田区の苅藻島クリーンセンター内に仮事務所を設置して住民からの問い合わせに対応し，須磨事業所以外の8つの事業所から須磨事業所での勤務経験がある職員を集め，ごみの分別区分や収集頻度を変更せずに通常どおりの清掃サービスを提供した．

　この事例から分かるのは，万一クラスターが発生しても同一自治体内に複数の清掃事務所が存在していれば，リソースの分散度合によっては残りの事務所でカバーする体制を構築する可能性が見込める点である．そうでなければ，清掃サービス提供拠点でクラスターが発生してしまうと，たちまち通常の清掃サービスの提供は立ち行かなくなる．清掃事業の継続性を第一に考えると，大きな事業体で事業を実施しておいた方が，組織内で融通が利かせやすく，継続的な清掃サービス提供が可能となる．

　「大阪都構想」の区割りに基づき既存の清掃センターを仕分けてみると，中央区に4事務所，天王寺区に3事務所，淀川区に2事務所，北区に2事務所が配置されるようになっていた．2021年4月に北部環境事業センターを廃止し東北環境事業センターに統合する予定であったため（統合したため），北区では1つしか清掃事務所が存在しなくなっているところであった（実際になってしまった）．

　23区の事例では，清掃事務所でのクラスターに備え，区内に存在する清掃事務所へ清掃リソースを分散させるケースが存在した．清掃拠点の冗長性を確

保し事業の継続性を模索する状況において，冗長性が担保されない方向に清掃
事業全体を再構築しようとするのは好ましい策であるとはいえない．

（4）大阪都構想における清掃事業のあり方

　住民投票により「大阪都構想」は否決されたが，特別区が設置され清掃事業
が各区に移管されていると，現在の大阪市の清掃事業のスケールメリットが失
われ，東京23区と同様の問題を抱えていたと見込まれる．清掃事業の特別区
への移管は，当該サービスを享受するようになる住民にとっては総合的な視点
から判断すると改革になっていたかは疑問である．

　大阪への特別区の設置は，東京23区がこれまで歩んできた自治権拡充の歴
史を逆行していくようになるが，仮に「大阪都構想」が可決されていれば，広
域的な自治体で清掃事業を執行できる一部事務組合（既存の「大阪広域環境施設組
合」）に移管することを検討する方が，清掃事業の一貫性，統一性・一体性が
確保でき最善の策であったと見込まれる．一部事務組合であるため住民の声は
直接的には届きにくくなるものの，現在住民が享受する価値を辛うじて維持で
きるようになっていたと考えられる．

第6節　今後の大都市の清掃事業のあり方

　本章では，清掃事業に関する都区制度改革の概要を示し，清掃事業の区移管
から生じた東京23区の清掃事業の課題をあげ，それを踏まえて「大阪都構想」
における清掃のあり方を述べてきた．最後に，今後の大都市制度のあり方をめ
ぐってさまざまな議論が展開されている昨今の状況に鑑み，コロナ後の大都市
における清掃事業のあり方を展望しておきたい．

　これまでの大都市の清掃事業は，住民ニーズや地域事情を踏まえたサービス
を提供するために自治権の拡充に価値をおいてきた．しかし，清掃事業は住民
の安心・安全な暮らしにとって必要不可欠であるため，コロナ後は「事業の継
続性」を軸にした事業構築を考えていくべきである．そのためには以下の3点
が必要不可欠になろう．

　第1は，冗長性を持たせた業務運営への事業の再構築である．今般のコロナ

禍での事業運営で学んだのは，清掃事業の拠点となる清掃事務所には冗長性の確保が必要であるという点である．今後は未知なるウイルスを想定した可能な限りの冗長性の確保が必要不可欠である．そこでは，清掃事務所といったハードの冗長化に加え，例えば不測の事態の発生時にはどの清掃職員でも迅速にフォローアップできる体制を整えるといったソフト面での冗長化も必要不可欠となる．

　第2は，清掃事業の広域化による清掃リソースの共有である．小さな事業体に分割していけば，狭域的な清掃リソースの適正化はなされるが，他事業体との協力や連携のためのリソースの保有には至りにくい．また，組織間の壁が生じ調整コストも発生する．よって，清掃事業を可能な限り大規模な事業体で運営して清掃リソースを共有し，不測の事態には組織内で融通しながら事業を継続させていくような体制の構築が有用となる．大規模事業体であれば，不測の事態に必要不可欠となる人員を組織内での融通により確保することも容易となる．また，近隣自治体への災害支援要員や機材も同様に捻出が可能と見込まれ，従来からの母都市機能を継続させていけるようになる．なお，広域化には，一部事務組合や広域連合といった枠組みの活用が見込まれる．

　第3に，清掃事業の一貫性，統一性・一体性を確保した事業の運営である．清掃事業は収集・運搬，中間処理，最終処分により成り立つため，これらを工程ごとに事業体に分担させず一事業体での包括的な運営により，業務の連携を確保しながらの清掃サービスの質の向上が可能となる．これにより，中間処理を意識した収集・運搬や，最終処分を意識した中間処理や収集・運搬が行われるようになり，清掃事業の質全体が向上していく．また，資源循環社会の構築を目指した清掃事業への住民の当事者意識が涵養され理解も深まっていく．

　大都市もそうであるが，大都市周辺にはこれまでの新自由主義的な行政改革により，清掃リソースを削減しすぎてきた自治体も存在する．それにより単独では清掃事業の継続性が危ぶまれるような自治体も存在する．よって，より広域な範囲で清掃事業を継続させていくといった視点も今後の清掃事業のあり方として問われてくると見込まれ，大都市を核とした清掃の一部事務組合や広域連合を結成する議論が深まっていくと思われる．

注
1）中央区は 2003 年，港区は 2004 年，江東区は 2006 年に，複数の清掃事務所を 1 カ所に集約した.
2）大阪市，八尾市，松原市，守口市で構成し，それらの構成団体から排出される一般廃棄物の中間処理（焼却処理）や最終処分（埋立処分）を共同で行う一部事務組合.

参考文献
大阪の自治を考える研究会［2020］『「大阪都構想」ハンドブック　「特別区設置協定書」を読み解く』公人の友社.
大阪市環境局［2021］「令和 2 年度 事業概要」.
大阪府・大阪市 大都市制度（特別区設置）協議会［2020］「特別区設置協定書」.
栗原利美著・米倉克良［2012］『東京都区制度の歴史と課題　都区制度問題の考え方』公人の友社.
神戸市環境局［2020］「神戸市の廃棄物収集・処理分野における新型コロナウイルス感染症への対応について」『都市清掃』73（358）.
庄子真憲［2018］「東京 23 区における不統一なプラスチック製容器包装の分別収集」『公共政策志林』（法政大学），6.
東京都［2000］『東京都清掃事業百年史』東京都環境整備公社.
東京清掃労働組合 50 年史編纂委員会［1999］『東京清掃労働組合 50 年史』.
特別区協議会［2011］『東京 23 区のおいたち——東京大都市地域の自治史——』.
————［2015］『東京 23 区のわくぐみ——法令から読み解く制度の特例——』.
都政新報社［2020］「『東京清掃労働組合結成 70 周年記念』座談会」『都政新報』.
藤井誠一郎［2018］「「技能労務職員の定員管理の適正化」の適正化——東京 23 区の清掃職員を事例として——」『季刊行政管理研究』164.
————［2020a］「清掃車から見た 23 区の清掃①〜⑦」『都政新報』.
————［2020b］「緊急事態宣言下での大都市清掃とパンデミック後のあり方」『現代思想』48（10）.
————［2021a］「ポストコロナ時代の公共サービス提供」，山谷清志・藤井誠一郎編『地域を支えるエッセンシャル・ワーク——保健所・病院・清掃・子育てなどの現場から——』ぎょうせい.
————［2021b］『ごみ収集とまちづくり——清掃の現場から考える地方自治——』朝日新聞出版社.

ウェブサイト
「台風 19 号被害に伴う長野県長野市での廃棄物処理支援について」（https://www.city.osaka.lg.jp/kankyo/page/0000484068.html, 2021 年 10 月 11 日閲覧）.
「令和 2 年 7 月豪雨の被害に伴う熊本県人吉市の廃棄物処理支援について」（https://www.city.osaka.lg.jp/kankyo/page/0000510838.html, 2021 年 10 月 11 日閲覧）.

東京二十三区清掃一部事務組合の HP「水銀混入ごみにより停止した焼却炉の復旧状況等（平成 22 年 6 月から平成 24 年 7 月）」（https://www.union.tokyo23-seisou.lg.jp/kanri/haiki/kumiai/oshirase/hoshano/h220609fukkyu.html, 2021 年 10 月 30 日閲覧）.

「清掃工場で受入れできないごみ」（https://www.union.tokyo23-seisou.lg.jp/kanri/haiki/kumiai/oshirase/futekise.html, 2021 年 10 月 30 日閲覧）.

（藤井　誠一郎）

第 *8* 章

都区制度と保健所行政

第1節　保健所行政をめぐる論点

（1）保健所の役割と設置主体

　社会保障及び公衆衛生の向上と増進は政府の責務である．近代的な公衆衛生は，ヨーロッパの産業革命により生じた貧困と不衛生な環境による疾病の蔓延に対して，個人的な努力で改善できる範囲には限界があるため，公的対応が期待されるようになったことから始まる．日本においては，公衆衛生という表現は当時されていなかったものの，江戸の町では徹底した下水道管理が行われるなど，衛生環境が良好であったといわれており，日本人の公衆衛生に関する意識は高いとされている．そのような日本において，公衆衛生事業の主機関である保健所は実際にどのような業務を担っているのだろうか．

　保健所は，保健事業，生活衛生などを担当する第一線の公衆衛生機関として，地域に根づいた活動を展開している．その事業内容は地域保健法6条で定められており，① 地域保健に関する思想の普及及び向上，② 人口動態統計その他地域保健に係る統計，③ 栄養の改善及び食品衛生，④ 住宅，水道，下水道，廃棄物の処理，清掃その他の環境衛生，⑤ 医事及び薬事，⑥ 保健師関連，⑦ 公共医療事業の向上及び増進，⑧ 母性及び乳幼児並びに老人保健，⑨ 歯科保健，⑩ 精神保健，⑪ 治療方法が確立していない疾病とその他の特殊の疾病により長期療養を必要とする者の保健，⑫ エイズ，結核，性病，伝染病その他の疾病の予防，⑬ 衛生上の試験及び検査，⑭ その地域住民の健康の保持及び増進，である．また，地域保健法施行令5条において，保健所の業務を行うた

めに必要な者として医師，歯科医師，薬剤師，獣医師，保健師，助産師，看護師，診療放射線技師，臨床検査技師，管理栄養士，栄養士，歯科衛生士，統計技術者などが例示されており，地方公共団体の長が必要と認める職員を設置することとされている．これらに加えて，理学療法士，作業療法士，言語聴覚士などを専門職として配置することも検討されるべきであろう．さらに，保健所では地域保健対策が円滑に行われるような施設の整備も必要であり，試験研究機関などの設置が求められる．職員・施設ともに，専門職や特殊技術や設備により運営されるため，財源の確保が重要となる．

　保健所には「都道府県型」と「市・特別区型」がある．都道府県が設置する保健所は，所管する市町村の人口が少なく独自に保健所を持つことができない場合，地域保健の広域的企画調整，専門性の高い保健事業，生活衛生などに重点を置いている．そのため，地域住民に対するサービスは十分に行き渡らない可能性を含んでいる．「市・特別区型」の保健所は，特別区，政令指定都市，中核市，その他の政令で定める市（いわゆる保健所政令市）において設置されている．この場合，管内市町村間の広域的企画調整は行わなくて良いが，専門性の高い保健事業や生活衛生も含めた身近な保健事業を全て実施しており，また市町村保健センターの機能も併せて行っている．地域保健サービスの提供に関しては，既に実績があり対応が可能である．しかし，保健所の役割を果たすには関係専門機関である試験研究機関などの設置が必要となるとともに，専門職者の採用が問題となる．厚生労働省は保健所の設置できる規模として人口30万人以上を1つの基準としている．実際に保健所を設置している市のうち，人口が30万人に達していない市も少なくないが，先に述べた施設や人材の問題を含め，健康危機管理の体制をいかに構築するかが課題となる．市が初めて保健所を設置する場合は都道府県からの支援として，担当者の派遣，技術支援，研修などが行われている．

（2）健康危機管理の体制構築に向けた保健所の課題

　保健所の機能のうち，住民が普段から身近に感じるのはヘルスプロモーション（健康づくり，生活習慣病予防，母子保健，精神保健など）であるが，もう1つの機能として重要なのが健康危機管理である．近年のCOVID-19（以下，「新型コロ

ナウイルス」という）への対応に関連して，住民もその必要性を強く感じているであろう．もっとも，健康危機管理の対象となるのは感染症だけでなく，初動時に原因の特定ができない健康危機に幅広く対応することが要請される．例えば，災害時の保健医療対応，感染症対応，医療安全管理などがある．

　2020年1月に新型コロナウイルスが国内に広がり始めてから，保健所の活動が頻回にマスコミに取り上げられている．地域住民からの感染関連の健康不安に関する電話相談，発熱による在宅療養や受診指示など，深夜にまで及ぶ対応を余儀なくされている状況は記憶に新しい．近年では，2009年のA/H1N1感染症の際にも，保健所や医療機関の活動が注目されたが，新型コロナウイルスはそれらと比較しても感染者が極めて多く，また変異株の感染も起こっており，2021年末に至ってもいまだに終息の目途がたたぬまま，長期にわたる感染予防対策がなされている．本章で取り上げる保健所は，地域住民の健康の保持増進・衛生を支える公的機関である．平常時の業務と並行しながら，感染予防・感染状況の把握・クラスターの指定・感染拡大の予防・感染者へ対応・ワクチン接種のマネジメント等の新型コロナウイルス対応を行っており，長期にわたる感染蔓延状態において重要な役割を担っている．

　一方，保健所は統廃合・職員定数の削減などの経緯により地域のニーズに応えることが難しく，また保健所の住民サービスには新型コロナウイルス以前より地域格差が生じていた．もちろん，自己責任による健康管理も重要であるが，自己管理に努めるだけで健康維持が図れるものではない．健康維持・増進に影響する外部環境を整えることも大切である．そこで，本章では，外部環境を整えるうえで重要な機能を担う保健所の変遷と現状について，特別区の保健所を取り上げて検討することとしたい．

第2節　保健所の歴史的変遷と東京の保健所行政

（1）戦前における保健所の位置づけ

　国民の健康増進を図ろうとする国の取組みは戦前から行われてきたが，その目的は今日とは異なっていた．富国強兵の時代，「国民全体の身体」として個々人の身体を国民共有化するという思想が広められていた．男にとっては戦

うための健康，女にとっては生むための健康であり，個人のための健康というよりも，国を守り強くするための「健康増進」が唱えられたのである．1938（昭和13）年の1月には，国民体力の向上及び国民福祉の増進を目的として，内務省の衛生局，予防局，体力局の一部が独立して厚生省が設置され，健民健兵のための健康づくりを担うことになる．

　厚生省の設置に先立って，1937（昭和12）年に制定されたのが，旧保健所法である．この法律において，保健所は「国民の体力を向上させるため，地方において保健上必要な指導を行う所」と規定され，国民一般を対象とする国の健康指導相談の機関として整備が進められた．当初，全国で49の保健所が設置され，この後5年間に187が整備されている．

　戦前における保健所の業務の中心となったのが，結核予防，母子衛生，栄養改善の諸活動である．当時，結核は不治の病とされ，また出産にまつわる児や母親の死亡も現在よりはるかに多い状態であった[5]．保健所法制定前の感染症対策は，患者の隔離や警察による取り締まりが中心となっていた．結核に対しては，1913（大正2）年に東京市に市立江古田療養所分室が開設された．また，母子衛生に関しては，1936（昭和11）年に日本橋小児保健所が開設され，その後増設されている．さらには，地域における健康相談を受ける目的で，アメリカのロックフェラー財団から寄付を受けて，1935（昭和10）年に東京市特別衛生地区保健所（中央区，現中央保健所）が開設された．これが保健所の原型となり，旧保健所法のもとで，保健所の整備が進められた．

　1943（昭和18）年までに，東京府内では多摩地域を合わせて13の保健所が整備された．同年，東京都制が施行されると，保健所のほか，健康相談所，京橋特別衛生地区保健館など計56カ所が統合されて，東京都保健所として業務を開始する．その後，第二次世界大戦下の空襲により多くの施設が被災し，戦後を迎えることとなった．

（2）戦後における保健所の拡充強化と特別区保健所の登場

　終戦後，国内は被災や食料不足に加え衛生環境の悪条件もあり結核，食中毒，発疹チフス，コレラ，性病など各種伝染病が蔓延した．そのため，連合軍総司令部の保健所機能充実強化指示を受けて，1947（昭和22）年に保健所法（新法）

が制定された．この法律に基づきその後，全国には約 800 カ所の保健所が設置
された⁶⁾．この時期に，食品衛生法，労働基準法，児童福祉法も制定されている．
これらの法律によって，戦後の生活環境と改善と国民の健康を守るうえで，保
健所が公衆衛生の第一線機関として拡充強化されたのである．また，保健所は，
新たに明記された内容として「医事，薬事，食品衛生，環境衛生などに関する
許認可権や衛生警察権限」など行政機能もあわせ持つこととなった．敗戦後の
劣悪な生活環境の改善と長期にわたる戦争により引き起こされた国民の栄養不
良などの健康状態を守る上で，保健所の果たした役割は大きかった．

　翌 1948（昭和 23）年には，旧制度のもとで東京都に存在していた 39 の保健
所に，2 保健所を新たに加える形で，新生保健所が発足した．このとき，保健
所法を施行するにあたり，東京都にモデル保健所を設置して，それをモデルと
して地方の保健所を整備するという施策が採られた［佐藤・坪井他 2002］．モデ
ル保健所として指定された杉並保健所は，新たな保健所施設を建設し，同年 4
月 5 日に開所した．4 課 17 係を有する保健所機構が設立し，総職員は 120 名
にも及んだ．

　なお，先述のとおり，保健所には「都道府県型」と「市・特別区型」が存在
する．後者については，新保健所法のもとで，人口 15 万人以上の市であるこ
とを基準として，当初 30 市が保健所の設置主体である保健所政令市に指定さ
れた．そこに東京都内の市区は含まれておらず，東京の保健所はすべて「都道
府県型」であった．

　その後，1961（昭和 36）年には皆保険制度が導入され，高度経済成長下で社
会情勢が急速な変化を見ることになる．この間，結核をはじめとして伝染病は
大幅に減少したものの，がんなどの疾病や循環器疾患など成人病の増加が進行
した．また，環境汚染や公害問題，精神衛生に関する問題など新たな公衆衛生
上の問題が生じてきた．人口動態も変化し，保健所業務も老人衛生精神衛生業
務の開始，母子保健対の強化や公害による健康被害への対応など，保健所の業
務は拡大を続けることとなった．こうしたなかで，保健行政における特別区の
役割が拡大を見せるようになる．1965（昭和 40）年には，都の保健行政のうち，
平常時に行われている鼠族昆虫駆除などの伝染病予防事務，結核予防法の定期
健診及び予防接種，予防接種法に基づく定期予防接種が特別区に事務移管され

た．人口増加の著しい東京都において人の移動や密集する空間が多い中，感染症予防に向けた対策を区に移管することは適した方法だった．

　1975（昭和50）年には，地方自治法が改正され，特別区長が再び公選制となり，特別区の自治権の拡充が図られた．特別区の権限も大きく拡大し，都に留保されたものを除き，原則として一般の市の事務及び保健所設置市の事務を処理することとされた．この改正によって，特別区内の保健所は特別区が設置主体である「市・特別区型」に移行することとなった．特別区は，その人口規模に大きな差異があるため，必要に応じて，保健所に加えて対人保健所のブランチとして保健相談所や保健センターが併せて整備された．その後，1978（昭和53）年の「国民建国づくり対策」および1983（昭和58）年の老人保健法の施行により，保健所の対人サービスは飛躍的に高まっていった．

第3節　地域保健法による保健所の変化と特別区保健所の現状

（1）地域保健法の制定とその後の社会の変化

　1994（平成6）年6月，地域保健対策強化のための関係法律の整備に関する法律が成立する．この法律によって，保健所法は地域保健法へと改められ，保健所は，少子高齢化，疾病構造の変化，住民ニーズの多様化，医療費の急増などに対応し，サービスの受け手である生活者の立場を重視した「地域保健」を実施するための新たな体系のなかに位置づけられることとなった．

　地域保健法では，保健所を地域保健の広域的・専門的・技術的拠点として位置づけており，保健・医療・福祉の連携の促進を図る観点から，二次医療圏等を考慮して保健所の所管区域が見直された．その結果，所管区域の規模が拡大し，保健所の住民への直接的なサービスは急減する．保健所設置市（政令指定都市，中核市，保健所政令市）の増加に伴う都道府県立保健所の管轄領域の縮小や「行革」による公務員数削減の流れを受けて，保健所の統廃合が急激に進行した．⁷⁾　一方，平成の大合併では，保健所政令市と周辺市町村が合併する事例も多く見られ，合併しなかった市町村のみを県保健所の管内として対応するには効率が悪いという事態も起こり，こうした地域では，県が市保健所に周辺地域の保健所業務を委託する例が見られるようになり，保健所の統廃合を加速させる

ことになった.

　全国の保健所数は, 1996 (平成 8) 年度 (地域保健法の完全施行前) に 845 カ所
であったものが, 2001 (平成 13) 年度には 592 カ所 (30%減少) となった [藤本他
2002]. 大幅な統合により, 1 保健所あたりの人員組織等の充実が図られた反
面, 管轄区域が超広域化し, 大都市では人口 100 万人以上を管轄する保健所が
現れ, 地域の健康課題に対するきめ細やかな対応面が不安視された. こうした
なかで, 保健所と住民の距離は大きくなり, 災害時の対応への影響も現れて
きた.

　地域保健法制定以後の公衆衛生活動・地域保健活動は, 地域保健法の「地域
保健対策の推進に関する基本的な指針[8]」(以下,「基本指針」という) を基盤に推進
されてきた. その後, 阪神・淡路大震災の発生や病原性大腸菌 O-157 の集団
発生, 新型インフルエンザなど, 住民の生命・健康の安全に重大な影響を及ぼ
す事態が頻発すると, 健康危機管理対策の重要性が認識されるようになる.
2012 (平成 24) 年には, 基本方針の見直しが行われ, 東日本大震災における健[9]
康管理の課題等も踏まえて, 住民主体の健康なまちづくり, "ソーシャル・
キャピタル"の重視, 医療・福祉施設との連携, 健康危機管理体制の整備が図
られることとなった.

(2) 特別区保健所の現状

　このような傾向は特別区も同様である. 1989 (平成元) 年の段階で, 複数の
保健所を有している特別区は 21 あった (表 8-1). 特別区における保健所の数
は, 人口や面積によるものではなく, 地域特性や歴史変遷を踏まえた結果で
あった. その後 1997 (平成 9) 〜 2020 (平成 14) 年の間に, 複数の保健所を有し
ていた特別区は 1 つの保健所に統合されていく. 最大で 4 カ所の保健所を有し
ていた大田区, 世田谷区も段階を経ることなく 1 カ所の保健所に統廃合するこ
ととなった (表 8-2). 複数あった保健所の統廃合にあたっては, 元来保健所
として機能していた施設を保健センターなどの形で残し, 保健所を区役所に置
くなど, 特別区ごとにさまざまな対応が見られた.

　実際に, 各特別区の保健所の組織上の位置づけを確認すると, 部の位置づけ
として保健所が組織図に組み込まれていたり, 健康推進や保健福祉を所管する

表 8 - 1　　1989（平成元）年時，特別区の保健所数（合計 53 施設）

区内の保健所数	区名
1 施設	渋谷区，荒川区
2 施設	千代田区，中央区，文京区，台東区，墨田区，江東区，品川区，目黒区，中野区，豊島区，練馬区，足立区，葛飾区，江戸川区
3 施設	港区，新宿区，杉並区，北区，板橋区
4 施設	大田区，世田谷区

（出所）全国保健所長会 HP より作成.

表 8 - 2　　特別区（自治体数 23）の保健所の推移

年度	保健所の数	変更事由（△減少数）
2002（平成 14）	23	豊島区 2→1△1
2001（平成 13）	24	中央区 2→1△1，江戸川区 2→1△1
2000（平成 12）	26	文京区 2→1△1，墨田区 2→1△1，江東区 2→1△1，練馬区 2→1△1，足立区 2→1△1
1999（平成 11）	31	千代田区 2→1△1，新宿区 3→1△2，品川区 2→1△1，葛飾区 2→1△1
1998（平成 10）	36	港区 3→1△2，中野区 2→1△1
1997（平成 9 ）	39	台東区 2→1△1，目黒区 2→1△1，大田区 4→1△2，世田谷区 4→1△3，杉並区 3→1△2，北区 3→1△2，板橋区 3→1△2
1989（平成元）	53	

（出所）全国保健所長会 HP より作成.

部の内部に組み込まれていたりとさまざまである．組織図に違いがあっても，保健所業務は法で定められているため大きな差異はないであろう．組織編制は，歴史的な沿革によるところが大きく，すべての特別区に当てはめることのできる唯一の合理的な編制の型というものが存在するわけではないであろう．しかし，組織編制の違いが，住民サービスの面にどのような違いをもたらすのかを調査することは意義があると考える．この点は筆者の今後課題としたい．

　なお，地域保健法は，保健所の設置主体ではない市町村の役割についても規定している．対人保健サービスの実施機関が保健所から市町村に移行され，市町村は，地域住民に身近な公衆衛生サービス，専門的技術を要するサービス，多種の保健医療専門職によるチームワークを要するサービスを提供することとなった．これにより，保健所の統廃合に加えて，住民に身近なサービスを提供する保健センターの整備も併せて行われ，現在の特別区の保健所体制を形成す

表 8-3　特別区の保健所・保健センター

形態	区名
保健所 1 カ所のみ	千代田区，港区
保健所（業務分割で複数カ所）	大田区，荒川区
保健所（1 カ所 or 複数カ所）＋保健センター	中央区，新宿区，文京区，台東区，墨田区，江東区，品川区，目黒区，世田谷区，渋谷区，中野区，杉並区，豊島区，北区，板橋区，練馬区，足立区，葛飾区，江戸川区

(注) ここでは保健センターに保健サービスセンター，保健相談所を含む.
(出所) 東京都福祉保健局 HP より作成.

ることになる [Takemura, Ohmi and Sone 2020].

　保健センターの設置状況も特別区によって異なっている. **表 8-3** が, 各特別区の保健所・保健センターの設置状況をまとめたものである. 例えば, 大田区は大田区保健所という名称の施設が 8 カ所存在している. 保健所の多様な業務を分散し, また地区ごとに担当区域を決めて分所のような形でサービスを提供している. 一方で, 保健センターを持たず, 保健所 1 カ所だけで, 広域的・専門的なサービスと住民に身近な保健サービスの両方を行っている区もある. 統廃合の際に, 元来あった保健所をどのように残すのかについても, 保健所のブランチをするか, 保健センターとして住民に身近なサービスを行う場をするか等は特別区によって異なり, 統一性を見出すのが困難である.

　なお, 先述のとおり, 1975 (昭和 50) 年以降, 特別区内の保健所は「市・特別区型」となったわけであるが, 多摩・島しょ地域では, 一部の保健所設置市を除き, 引き続き東京都が保健所を設置している. そのため, ここで特別区以外の保健所の現状についても簡単に触れておきたい. 現在, 多摩・島しょ地域において保健所は 8 カ所が設置されている. 内訳は都道府県型の東京都保健所が 6 カ所 (西多摩保健所, 南多摩保健所, 多摩府中保健所, 多摩小平保健所, 島しょ保健所), 市・特別区型が 2 カ所 (八王子市保健所, 町田保健所) である. 地域保健法が施行された 1997 年には 17 保健所・14 保健相談所が統合され 12 保健所になった. その後, 2004 年には市に移管予定の保健所を含め二次保健医療圏に 1 カ所ということから, 7 保健所に再統合された. その結果, 東京都保健所として設置された多摩府中保健所では人口 100 万人余りを管轄し, 西多摩保健所では東京都の約 1 / 3 の面積管轄する管轄地域が非常に広範囲になるなどの問題も

生じている.

第4節　新型コロナウイルス対応に見る保健所行政の課題と展望

（1）国と自治体・保健所の情報連携に関する課題

　東京特別区では，以上のような沿革のもとで，現在の保健所の体制が構築されてきたが，そのあり方に対して問題を提起したのが，新型コロナウィルスの世界的なパンデミックである．その対策において，保健所が大きな役割を果たすこととなったが，国・都道府県との連携や住民対応などの面で多くの課題が見られる.

　まず，国と自治体・保健所の連携に関する課題である．感染症対策に関する一般法が，「感染症の予防及び感染症の患者に対する医療に関する法律」（以下，「感染症法」という）である．この法律は，伝染病予防法に替えて，1999年に制定されたものである．当初は，地方分権の要請から国の関与が最小限に抑えられていたが，SARS対応において従来の自治体の責任に加え国の積極的関与の必要性が論議され，2003（平成15）年には，緊急時の感染症対応における国の関与が強化された.

　この感染症法および新型インフルエンザ等対策特別措置法に基づき，新型コロナウイルス感染症対策がなされたわけであるが，国と自治体・保健所の連携がスムーズにいかない状況が生じている．国のさまざまな発表は，マスコミが大きく取り上げるため，住民の主な情報源となる．国の発表に対して，地域住民は即座に反応するため，準備や設備が整っているとは限らない保健所の対応が追い付かない状態になる．そのことが，住民に対して保健所が十分なサービスの提供ができていないという評価につながっていると考えられる.

　また，都道府県と市町村の情報連携にも課題が見られた．2021年8月に『読売新聞』が実施した調査によると，都道府県の保健所が担当する新型コロナウイルス感染症の自宅療養者をめぐって，全国34都道府県で療養者氏名などの個人情報が管内の市町村に提供されていないことが明らかになった．個人情報保護を理由に情報を提示しなかったようであるが，自前の保健所を持たない市町村では，健康状態の確認ができず結果として症状が悪化してしまった例

もある．一方，大都市では自前の保健所を設置しているため情報はあるが，感染者数の増大に対して十分な対応が困難となり，自宅療養中に亡くなった例もあった．

この間の新型コロナウイルス対応の状況を踏まえて，2021 年 2 月に感染症法の改正が行われた．この改正では，国と都道府県，保健所設置市・特別区の間で情報連携がうまくいっていないという問題認識から，発生届や積極的疫学調査の結果について，保健所設置市長・特別区長が厚生労働大臣に報告する場合には，都道府県知事にも併せて報告することが義務づけられた．しかしながら，この改正は，あくまで保健所設置市・特別区がもつ情報を都道府県が得られるようにするものであり，これらの課題に対応したものとはいえないであろう．

（2）保健所の住民対応に関する課題

次に，保健所が住民に対してきめ細やかに対応していくうえでの課題を考えたい．先述のとおり，地域保健法の制定以降，全国的に保健所が削減され，対面サービスに関しては市町村の保健センターを活用して業務分担が図られることとなった．特別区においても，保健所の統廃合によって保健所数は約 4 割にまで削減された．その結果，各保健所の対象住民数は 10 万人弱～90 万人超と幅が広がっているのが現状である．今回のように，全国規模の感染症が長期にわたる場合は，保健所は感染症対応を中心とせざるを得ず，元来の保健所業務に手が回らない状況となってしまう．現在，保健所の対象住民の数が 30 万人を超えている特別区が 13 存在している．感染者数の収束が見えないなかで，住民の不安や感染リスクの高い人々に対応することは，通常業務のキャパシティを明らかに超えている．対象人口に対し，いわゆる対人保健所のサービスの充実もさることながら，感染症対策などの専門的な知識や技術を必要とした対応を予測したシステムの構築が必要であろう．

こうしたシステム構築は，特別区ごとに特徴が異なるため，各特別区が独自に開発する必要がある．特別区の間で，対応方法が大きく分かれたのが，PCR 検査であった．特別区では，地域住民に PCR 検査を提供するためのシステム構築が図られたが，そこでは平常時の医師会との関係や，地域における病院や

医療の状況を基本とした対策が採られた．PCR 検査のすべてを保健所で行うことは現実的でない．そのため，自治体や地元の医師会が設置を進めている「PCR 検査センター」を開設して，かかりつけ医の紹介でウイルス検査を受けられるようにした．当初（2020 年 4 月 30 日），13 の特別区が検査センターを開設したが，必要数の 2〜5 割程度しか検体採取できる状態ではなかった．また，実施予定としていた 6 つの特別区でも，他の特別区の実施状況を見て検査数を確保できるよう，医療機関と調整を行っていた．例えば，文京区は当時すでに，区内の医療機関で必要な数の検査はできていると公表している．一方，PCR 検査センターを設置せず独自の取組みを行う特別区もあった．杉並区は，区内 3 カ所の基幹病院に集約する形で，開業医などが診療と検査を行い検体の採取を行った．港区は，医師会の協力を得て，医師の派遣によって保健所が中心となり検査を行う方法を取っていた．このような地域の状況に応じた柔軟な対応から，特別区の自治を見ることができる．

　今回の新型コロナウイルス対応では，突発的かつ先の見えない状況のなかで，各特別区の保健所では手探りの対応を強いられた．もちろん，住民の不満はあったものの，他の大都市の保健所に較べると，感染者が急増するなかで，一定の努力の成果は見られているのではないかとも考えられる．医療関係者のみならず，日々の業務だけでも手一杯である状況にもかかわらず，自治体職員は長引く不測の事態に全力で対応している．

　今後も新興感染症の流行・災害など公衆衛生を脅かす不測の事態が生じる可能性は高い．今回新型コロナウイルスへの対策によって生じた問題を精査し，その解決の糸口を探ることで，健康危機管理体制の整備を図ることが求められよう．大都市の保健所では，保健所が管轄する地域の人口規模が大きくなることもあって，より狭域の地区レベルに保健センター等が設置され業務分担が図られているが，その役割分担のあり方については地域の特性も含めて十分な検討が必要である．

　また，都道府県と大都市の連携にも課題がある．これまで見てきたような，新型コロナウイルス対応をめぐる特別区の保健所の柔軟な対応や努力は，住民に身近な基礎的自治体たる特別区が保健行政を担うことの意義を改めて認識させるものであった．その一方で，新型コロナウイルス対応の意思決定権限の多

くが都道府県にあることから，都の決定に対する特別区保健所の対応の混乱が
見られたり，都の方針と現場の要請との間で特別区が板挟みになる状況が見ら
れたりしたこともまた事実である．同様の状況は，都道府県と政令指定都市や
保健所政令市との間でも見られており，必ずしも都区制度固有の問題ではない
が，東京都が中核市の八王子市と保健所政令市の町田市を含めて 25 もの保健
所設置市区を有していることに鑑みれば，都区制度のもとでより顕著に表れる
問題であるといえよう．

　その一方で，保健行政に係る権限の東京都への一元化や東京都のトップダウ
ンの強化が解決策として妥当であるとはいえない．東京都が保健所を設置して
いる地域においても，市町村との情報連携等に課題が山積しているからである．
特別区という基礎的自治体による自治的対応を担保しつつ，都と特別区が対
等・協力の関係を確立していくために何が必要なのかを検証することが，健康
危機管理体制の整備のために不可欠となるであろう．

（3）人口減少社会の到来とこれからの保健所行政

　あわせて，地域保健法の制定後の保健所の機能的な集約と人員削減が，きめ
細やかな住民サービスの提供を困難にしていることも改めて認識する必要があ
る．新型コロナウイルス対策によって感染拡大予防の業務が多忙になるなかで，
公衆衛生系に携わる人員が不足し，十分なサービスを提供できているとは言い
難い状況である．冒頭で述べたとおり，保健所は，感染症対策のみならず，幅
広い保健事業や生活衛生事業を地域に根づいて展開する第一線の公衆衛生機関
である．そして，保健所の役割は，人口減少社会において，ますます大きくな
るであろう．こうした観点からは，基礎的自治体における保健所機能の確保が
重要になると考えられる．

　日本の人口は 1967 年には初めて 1 億人を超えたが，2008 年の 1 億 2808 万
人をピークに減少に転じた．日本の国土の特徴から居住可能地域を考えると人
口は多いといえる．保健所は，戦後の人口増加と高度経済成長を背景に，公衆
衛生と住民の健康問題に対応できるよう体制整備が図られてきた．しかしなが
ら，日本の社会経済状況は大きく変化しつつある．今後，人口減少がさらに進
むことで，「2040 年問題」が発生することが予測されている．そこでは，東京

における医療・介護の問題として「一人暮らしの高齢者が増加する．高齢者が増加する東京では，地域のつながりが薄い」「高齢化による疾病構造の変化による『治す医療』から，『治し，支える医療』への転換が求められる」ことが挙げられている［総務省 2018］．今後，東京では，保健所においても福祉部門の業務が増えることが予想される．健康危機管理体制の構築も重要な課題である．一方，18歳人口の減少は，専門職を含めた将来の担い手の不足をもたらす．保健所は，さまざまな専門職で成り立っている組織であって，専門職の人材不足への対応が喫緊の課題となるであろう．

　保健所の業務は多岐に渡るため，日々新型コロナウイルスという1つの感染症の対策に追われ，他の業務が停滞せざる得ない状況が起こっている現状も冷静に考えるべきである．新型コロナウイルス対応のなかで見えてきた課題を踏まえて，健康と危機管理のあり方を再検討するとともに，今後ますます重要になるであろう，多岐にわたる保健行政に係る住民サービスを維持・発展させるために，いかにして住民に身近な保健所・保健センターの体制を整備していくかが問われている．

注
1）江戸幕府が実施した下水道の衛生管理の施策として，下水道へのゴミ捨の禁止，川岸付近のトイレの撤去，下水道上のトイレ禁止などが挙げられる．

2）試験所，研究所，指導所その他の機関である．鉱工業振興，農林水産業振興，環境保全，保健衛生の向上などといった地方の行政目的に沿う試験・研究・高度な機器の供用・指導・教育・相談等の業務を行う．

3）2001（平成13）年に定められた「厚生労働省健康危機管理基本指針」によれば，健康危機管理とは，「医薬品，食中毒，感染症，飲料水その他何らかの原因により生じる国民の生命，健康の安全を脅かす事態に対して行われる健康被害の発生予防，拡大防止，治療等に関する業務であって，厚生労働省の所管に属するものをいう．」とされている．

4）保健所は地域住民の疾病の予防，健康増進，公衆衛生を含め快適な住まい環境，食品衛生に関する相談及び各種検査等，保健・衛生・生活環境等に関する幅広い分野でサービスを行う行政機関である．

5）乳児死亡率（出生千対）の推移をみると，昭和14年までは100以上，即ち，生まれたこどものおよそ10人に1人が1年以内に死亡していたが，乳児死亡率は51年に，新生児死亡率（出生千対）は42年に10を下回り，現在乳児死亡は250人に1人，新生児死亡は500人に1人の割合となっている（https://www.mhlw.go.jp/www1/toukei/

10nengai_8/hyakunen.html，2021 年 12 月 1 日閲覧）．

6）人口 10 万人に 1 カ所を目標とする保健所網の整備が促進され，公衆衛生活動は一気に活性化した．

7）地域保健法の施行後，保健所の所管地域については，保健医療および社会福祉に関する施設との連携を促進するため，医療法に基づく「二次医療圏」などの整合性を考慮して設定することとした．全国の各二次医療圏の平均的な人口規模は約 30 万院なので，これよりも人口規模の小さな保健所の多くが統廃合の対象となった．その結果，全国の保健所は 1996（平成 8）年に 839 カ所であったが，2013（平成 25）年には 494 カ所（41%減），2021（令和 3）年 470 カ所となった．

8）http://www.mhlw.go.jp/file/06-Seisakujouhou-10900000-Kenkoukyoku/0000049512.pdf（2021 年 12 月 1 日閲覧）．

9）http://www.mhlw.go.jp/file/06-Seisakujouhou-10900000-Kenkoukyoku/0000050854.pdf（2021 年 12 月 1 日閲覧）．

参考文献

佐藤久美子・坪井涼子［2002］「GHQ/SCAP 文書に見る山梨県モデル保健所の形成過程」『山梨医科大学紀要』19.

藤本眞一・上窪聡子［2002］「保健所の編成の現状と今後の組織・再編の在り方に関する報告」（抜粋）『公衆衛生雑誌』49（10）.

Takemura, S., Ohmi, K. and Sone, T.［2020］"Public health center (Hokenjo) as the frontline authority of public health in Japan: Contribution of the National Institute of Public Health to its development,"『保健医療科学』69(1).

総務省［2018］「自治体戦略 2040 構想研究会　第一次報告」（https://www.soumu.go.jp/main_content/000548066.pdf, 2021 年 10 月 14 日閲覧）.

ウェブサイト

東京都保健福祉局 HP（https://www.fukushihoken.metro.tokyo.lg.jp/, 2021 年 10 月 14 日閲覧）.

NIID 国立感染症研究所 HP（https://www.niid.go.jp/niid/ja/, 2021 年 10 月 14 日閲覧）.

全国保健所長会 HP（http://www.phcd.jp/03/HCsuii/, 2021 年 10 月 14 日閲覧）.

『読売新聞』2021 年 9 月 3 日朝刊（https://www.yomiuri.co.jp/national/20210903-OYT1T50026/, 2021 年 10 月 14 日閲覧）.

（高橋　幸子）

終　章

大都市と都道府県

第1節　あらためて大都市を考える

　日本の地方制度は，明治維新以降の廃藩置県，市制町村制によって基本的な制度が形成され，広域自治体と基礎的自治体の二層制の地方自治が基本とされてきた．戦後においてもその基本的な構造が維持されて今日に至っている．地方分権改革も，国から地方へ，都道府県から市町村へという分権的な流れの中で，二層制を基本として進められてきたといえよう．

　戦前・戦後を通じた地方制度形成の中で，江戸や大阪に代表される大都市をめぐる問題は，さまざまな側面をもっていたように思える．戦前・戦後を通じて形成された大都市は，旧五大市として府県からの独立を試みたが果たせず，政令指定都市が誕生した．そして，今日においては，地方分権改革にともない進行した「平成の大合併」の影響を受けて，多くの大都市が生まれ，政令指定都市も増加した．それのみならず，中核市や特例市（現在は施行時特例市）といった大都市特例制度に基づく「大都市」が数多く誕生したといえよう．

　一方，「平成の大合併」以前の問題として，政令指定都市の数が増加した背景には，1960年代以降の高度経済成長に伴う産業発展や工業化にともなう，都市圏集中によるところが大きい．また，東京一極集中は首都圏の横浜市，川崎市，千葉市，さいたま市といった大都市への人口集中や政令指定都市化をもたらした．この影響は，「一票の格差」の是正に後押しされるように，大都市自治体の政治的影響力を拡大させるという効果をもたらし，大都市が主導する地方自治の制度改革を後押ししているようにもみえる．一方で日本の自治制度

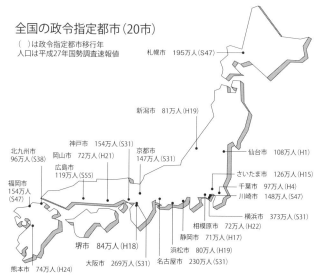

図1　全国の政令指定都市

（出所）堺市作成．

を考える上で，大都市主導の改革が，人口という数を頼みに進んでいく危惧も感じられる．

　ところで，どこまでの人口規模の自治体を大都市と呼ぶかについては，その基準はさまざまである．本書においても「大都市」の対象を政令市に限定している章もある．一方で，現在の自治制度上は，大都市と呼ぶことができる自治体には，特別区，政令指定都市，中核市，施行時特例市があり，基礎的自治体としての役割を担っているということができる．

　これら大都市は，都道府県が処理することとされている事務のうち，それぞれの人口規模に応じて権限が委譲され，中でも政令指定都市は，都道府県並みの権限をもつ自治体として位置づけられている．先にも述べたように，政令指定都市は「平成の大合併」によって，その数を増やし，旧五大市の頃からは4倍増となる20都市となっている．図1を見るとわかるように，平成になって誕生した政令市は10を数えており，その多くが「平成の大合併」の影響によるものといえよう．

　政令指定都市は，従来「概ね100万人」を目途に政令で指定されることとさ

れていたが，合併推進の思惑もあり，その人口要件は 80 万人，70 万人と引き下げられてきた．その意味では，政令指定都市といっても，人口 380 万人に及ばんとする横浜市から，人口 70 万人超の相模原市，岡山市，熊本市まで，人口規模の差は大きく，一言で政令指定都市とひとまとめにできない現状も生まれている．

　一方，中核市は，人口 20 万人以上が要件とされているが，特例市制度が存在していた時の人口 30 万人以上から変更された．これは，特例市制度を廃止し，中核市制度に一本化するものであり，特例市は，中核市になるか，「施行時特例市」にとどまるのかの選択を余儀なくされることとなったのである．

　したがって，現在の大都市制度は，先にみたように都に存在する特別区，政令指定都市，中核市となっており，いずれも基礎的自治体として，住民に身近な政府として，多くの権限を担っている状況がある．このような経過と地方分権改革の進展をふまえ，大都市制度の改革が進められてきた．二度にわたる住民投票によって否決された大阪の「都構想」と，現在政令市長会が提案している「特別自治市構想」である．いずれも，広域自治体である都道府県と大都市の関係に変更を加えるものであり，二層制の地方自治を基本とする日本の自治制度の在り方を問うものである．都道府県から大都市自治体への権限移譲がそれを包括する都道府県との関係を見直す機運を醸成し，制度改革を促している側面がある．

　本章では，こうした観点から，あらためて大都市と都道府県の関係について考えてみたい．具体的には，広域自治体としての都道府県について考えると共に，基礎的自治体としての大都市の役割と責任に焦点をあて，さらには，二層制の地方自治の意義を再検証していきたい．

第 2 節　広域的自治体と基礎的自治体

（1）　都道府県の位置づけ

　日本における自治体には広域自治体と基礎的自治体の 2 つがある．広域自治体としては都道府県があり，基礎的な自治体としては市町村が存在している[1]．法令上の地方公共団体としては，普通地方公共団体と特別地方公共団体の 2 つ

が存在し，特別地方公共団体には特別区が含まれる一方，一部事務組合や広域連合といった自治体の組合等も存在している．

　また，それらの前提として，現行制度としては，二層制の自治体が構想されており，双方に広域的，基礎的な地方政府としての役割がある．まずは，都道府県と市町村の相互補完的な関係について触れておきたい．戦前と異なる戦後の都道府県の特徴は，国の行政機関として市町村を監督する役割が期待されるものではなく，「完全」な自治体として市町村と協力し，地域住民の生活を広域的な視点から支えていく政策を推進していくことが求められている点である．

　二層制の一方の役割を担う都道府県の位置づけについて，法制度や具体的な機能の面から確認しておこう．都道府県の位置づけと役割について，地方自治法ではこれを「市町村を包括する広域の地方公共団体として，第二項の事務で，広域にわたるもの，市町村に関する連絡調整に関するもの及びその規模又は性質において一般の市町村が処理することが適当でないと認められるものを処理する」と規定している．

　また，都道府県は，広域自治体として位置づけられ，地方公共団体が処理するとされている事務の内，以下のような３つの事務を処理するとされている．都道府県は，自治体が担う事務の中で，① 広域事務，② 連絡調整事務，③ 補完事務の３つを担うことが法定されているのである．

　まず，広域事務は，市町村の区域に限定して処理することが不適切で非効率であるがゆえに広域的な観点から都道府県が処理することが適当とされている事務である．例えば，市町村域を越える広域的な道路網の整備であるとか，広域的な視点からの産業育成，広域的な計画の策定など，多岐にわたる．もちろん，政令指定都市や中核市など，先にみたような大都市には，市町村の規模や能力等との関係で，都道府県でなくても取り組み可能な施策も存在し，市区町村への権限委譲も進んでいる．また，その一方で，都道府県を越えて，さらに広域性を有する事務が存在し，都道府県の規模が小さいことで，さらにそれを拡大することが求められる事務もありうる．都道府県合併や，さらには道州制を含めた広域自治体の拡大論も議論されることになる．

　連絡調整事務は，自治体間の調整が必要なことがらについて都道府県にその役割を求めるものであり，また，市区町村の間の意見の相違や施策実施にあ

たっての調整が必要な場合に，都道府県がそれを担うものである．具体的には，「平成の大合併」の際に期待されたような市町村間の合併に向けた協議についての調整や，市区町村間で生じた諸々の争いについての調停などがある．市町村間で，そうした調整が可能であれば都道府県の出番はないが，市町村間での水平的な調整による解決が難しい場合には，都道府県にその役割が求められることになる．さらには，広域的な災害時や感染症の感染拡大において，都道府県の中での市町村の相互支援について，都道府県が果たす「調整」の役割は軽んじることができないといえよう．

　補完事務については，自治法が定めるように，市町村がその規模・性質において処理することが適切ではない事務であるとされ，例えば従来から町村に設置されてきた郡部福祉事務所（福祉三法関係）や都道府県立高校の設置などは，都道府県が市町村の事務を補完するものである．地方分権改革の進展によって，諸々の権限移譲が行われ，こうした補完事務については減少する傾向があることは，「身近な行政は，身近な自治体が担う」という観点から望ましいことである．その一方で，人口減少社会の到来によって自治体人口規模が縮小する中，小規模町村が担いきれない事務が生じた場合に，市町村への支援拡大という視点から，都道府県がそれを担うことが考えられる．「平成の大合併」が一段落し，これ以上の合併が困難な自治体が全国に散見される中，都道府県による補完事務や「市町村支援事務²⁾」について検討する必要があるだろう．

　都道府県は，戦前の官選知事を頂点として市町村を後見監督する立場から転換し，戦後は「完全自治体」となったといわれる．それをさらに進めたのが2000年の分権一括法であり，その際の地方自治法改正で，地方分権の観点から機関委任事務が廃止されるとともに，都道府県の事務から「統一事務」が削除された．これらによって，都道府県は自治体としての位置づけを確立したが，一方で，国・地方の関係と同様に，市区町村に対する後見監督的な上下関係が温存された面もある．こうした状況について，今村都南雄は「一方的な道州制推進論に疑問を投げかける立場から，むしろ都道府県の「完全自治体」化こそが重要ではないか，と論じたことがある」とし，「先の第1次分権改革において都道府県の法的地位が変わったことを重視し，機関委任事務制度が廃止された現行制度のもとで，都道府県が広域自治体のあり方をつきつめて考え自己改

革に乗り出すこと，それこそがまずは肝要ではないか」［今村 2008］と重要な論点を指摘している．

　都道府県が広域自治体としての役割を果たし，国・地方の垂直的な関係を改めることを指向するのであれば，市区町村への権限移譲を進め，対等なパートナーとしての位置づけを確立しなければなるまい．例えば神奈川県は，2009年に制定した自治基本条例において「市町村の主体性及び自立性を尊重し，適切な役割分担を図るよう努めなければならない」（17条1項）と定め，市町村への権限移譲の促進や財政措置，さらには市町村の県政参加等についても規定している．従来の都道府県―市町村関係にみられたような「上下，主従」の関係をあらためることを宣言したものといえる．大都市との関係についても，本来の広域自治体としての役割を基本に考えることが必要であり，そうした前提をふまえた上で，あらためて，都道府県の存在意義を確認する必要があるだろう．

第3節　大都市制度改革と都道府県

（1）「都構想」と「府市一元化条例」

　大都市制度改革の諸側面については，第1章において詳細な整理が行われており，論点も整理されているので，ここでは，「大阪都構想」と「特別自治市構想」について，都道府県のあり方に関わる論点について，再度確認しておきたい[3]．

　この2つの構想は，都道府県と大都市の間の権限のあり方について，真逆のベクトルをもつものである．「都構想」は，現行の東京都区制度を他の大都市にも拡大するものであり，その移行手続きについて，既に法制化がなされている．大阪府市の間では，2度にわたる住民投票によって否決されたが，条件さえ整えば，どの大都市でも「都」が実現する可能性がある．さらに，現行法では対象外とされている人口規模の県庁所在地を含めて，都構想が実現されるべきだという主張もある．例えば，静岡県は川勝平太知事の下で「静岡型県都構想」（平成27年）を，新潟県と新潟市は，「県都政令市の合併による自治の拡大を目指す「新潟州（新潟都）」（平成23年）を提起した．

　これら「都構想」の共通点は，県と政令市の二重行政を解消することによっ

て，行政の効率化を図るところにある．また，特別区の設置によって，政令指
定都市よりも小さい規模での自治体運営が可能になるため，「自治」に基づく
行政運営が可能になるという面がある．その上で，中核市なみの規模となった
特別区と府県の間で権限を再調整し，多くの事務を府県が担うこととなるので
ある．

　この「都構想」で十分に検討されているのか疑問なのが，現行の東京都区制
度についての検証である．本書の各章で指摘されているように，東京都の特別
区は，都区制度改革の下で，都からの権限移譲を進めてきた．1975 年の区長
公選制復活を皮切りに，2000 年には特別区を「基礎的な地方公共団体」に位
置づけるとともに，それに先立って「一般廃棄物の収集・運搬・処分等の事
務」移管が実現し，財政自主権の強化などがなされた．また，近年においては，
児童相談所の設置も進められており，いわば東京都からの自立が図られている
のである．それは，特別区の自治体としての位置づけを強化するものであり，
政令指定都市を解体して権限を府や県に吸い上げる都構想とは真逆のベクトル
をもつものであるといえよう．

　とはいえ，二回にわたって行われた住民投票で「大阪都構想」は否決され，
当面実現しないこととなった．そこで，大阪府と大阪市が制度化したのが，
「大阪市及び大阪府における一体的な行政運営の推進に関する条例」（以下，府
市一元化条例）である．この条例は，趣旨として，１条で「大阪の成長及び発展
を支えるため，将来にわたって本市及び大阪府の一体的な行政運営を推進する
ことに関し必要な事項を定め」，２条において，「本市及び大阪府が対等の立場
において大阪府との一体的な行政運営を推進することを通じて，本市及び大阪
府の二重行政を解消するとともに大阪の成長及び発展を図ることにより，副首
都・大阪を確立し，もって豊かな住民生活を実現するものとする」と基本理念
を定めている[4]．

　「副首都・大阪」の確立とはいかなるものかは意味不明で，理解が及ばない
ところが多いが，具体的な条例の中身としては，副首都推進本部（大阪府市）
会議を設置して府市の一体化を進めると共に，二重行政を解消するために大阪
市が担っている事務を共同処理することをめざすものである．条文では，大阪
市が政令指定都市として担ってきた事務を「地方自治法第 252 条の 14 第 1 項

の規定により大阪府に委託し，大阪府知事をして管理し，及び執行させるものとする」としている．それは，「（1）　大阪の成長及び発展に関する基本的な方針（広域にわたる事項に係る部分に限る．以下同じ．）として別表第4に掲げるものの策定に関する事務」および「（2）都市計画法（昭和43年法律第100号）第4条第1項に規定する都市計画（以下「都市計画」という．）に関する基本的な方針並びに広域的な観点からのまちづくり及び交通基盤の整備等に係る都市計画として別表第5に掲げるものの決定に関する事務」であるという．

　そもそも，事務委託は，条例を定めなくても共同処理の仕組みとして実施することが可能であり，むしろ条例を定めることにより，政令で指定都市が担うこととされた事務を条例で府が担うことを義務付けるところに法令違反が生じる疑念がある．また，法定の住民投票によって否決された府市の一体化を，府市の議会の議決のみによって推進する試みには，民意を軽視しているという批判もありうるであろう．

　これらのことをふまえ，「都構想」と「府市一体化条例」について，都道府県との関係という観点から整理しておきたい．第1に，これらの構想は，基本的に基礎的自治体である大阪市の権限を府に一元化するという意味において，府の権限強化につながることである．地方分権改革は，住民に身近な行政は身近な地方公共団体が担うことを基本としており，その意味で，基礎的自治体の権限を縮小し，広域自治体が担うようにすることには違和感がある．第2に，しかし，その一方で現行制度が想定している広域自治体と基礎的自治体という基本的な構造は変更されず，特別区には区長・区議会が置かれるので，二層制の地方自治は維持されることとなる．こうした点から，「都構想」は，「特別自治市構想」とは反対の方向を示すものと考えられる．

（2）「特別自治市構想」と都道府県

　指定都市市長会が提起している「特別自治市構想」は，政令指定都市の中で，それに移行することを望む自治体について，該当する都道府県の権限をすべて移譲させ，その圏域からも離脱して，そこに一層制の自治体を設立するというものである．[5] 例えば，横浜市であれば，神奈川県が担っている全ての事務を横浜市が担うことが想定され，神奈川県の圏域は横浜市を除いたもので構成され

ることとなる．先にも触れたように，「都構想」が都道府県域（以下，県域）の変更をともなわず，むしろ政令指定都市の解体をともなうものであるのに対し，「特別自治市」は都道府県の圏域を分割し，政令指定都市の「都道府県」化を進めるものであるとみることもできよう．もし仮に，特別自治市が全ての政令指定都市で実現すれば，47の都道府県域に加え，20の特別自治市区域が誕生することとなり，いわば67の広域自治体の圏域が誕生することになる．その意味では，「都構想」以上に，日本の二層制の自治体構造に大きな変化をもたらすものであるといえ，議論を巻き起こすものである．

（3）大都市制度改革への法手続き

　もっとも，指定都市市長会が提起する特別自治市制度は，20の政令指定都市全てが移行するものではなく，希望する政令市が移行できるよう，多様な選択肢を提供するものとされている．「都構想」は，2012年に制定された「大都市地域における特別区の設置に関する法律」（大都市地域特別区設置法）に基づいて，特別区の設置が可能となるものであり，同法は民主党政権の下で，社民党，共産党を除く与野党の提案によって国会で成立した．この法律による移行手続きは，法律によって規定されており，大阪市の住民投票は，これに則って実施されたものである．

　一方，指定都市市長会が提起している移行手続きは，以下のようなものである．2つの案が提案されているが，1つは，地方発意による都道府県の廃置分合について規定した「地方自治法第6条の2」を参考とした手続きである．この規定によれば，「関係都道府県の議会の議決」を経た上で，「関係都道府県の申請」に基づいて「内閣が国会の承認を経て」都道府県合併を定めることとしていることをふまえ，特別自治市の移行手続きについては，道府県議会及び市議会の議決を経たうえで，道府県と指定都市の共同申請に基づき，内閣が国会の承認を経て定めるとしている．一方，「大都市地域特別区設置法」を参考とした手続きも示されている．この法律は，市議会・道府県議会の議決により特別区設置協議会を設置して，協定書を作成し，それを議会が承認した上で関係市町村において住民投票を実施する．住民投票において過半数の賛成があれば，関係市町村及び関係道府県が共同して総務大臣に対し特別区の設置を申請し，

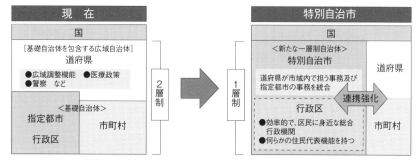

図2　現在の地方自治制度と特別自治制度の概念図

（出所）指定都市市長会 [2021：6].

　総務大臣が特別区の設置を定めるものである．政令市長会は，この法律を参考に，特別自治市の移行手続きについて，市議会及び道府県議会の議決により特別自治市移行協議会を設置し，特別自治市移行協定書を作成した上で，これを議会が承認し，総務大臣に市と道府県が共同申請する，としている[6]．

　いずれの場合でも，現行の地方自治法には「特別自治市」についての規定は存在せず[7]，あらたに「特別自治市」を規定する必要がある．指定都市市長会の提案では，特別自治市は，都道府県から独立した一層制の特別地方公共団体であるとされており，日本の地方自治制度に大きな変更をもたらすものであることが示されている．

　このように，「都構想」では既存の特別区を前提とした制度設計がなされているが，「特別自治市」では，新しいタイプの「地方公共団体」の創設と，戦後一貫して存在してきた都道府県の解体，再編成がらみの制度設計となっていることを確認しておきたい．

第4節　広域自治体と基礎的自治体

（1）都道府県と市町村

　再度，都道府県と市町村の関係について整理しておこう．冒頭でも述べたように，都道府県と市町村は広域的な自治体と基礎的な自治体という形で役割分担をしている．地方自治法において，市町村は，地方公共団体が処理する事務の

うち,「都道府県が処理するものとされているものを除き, 一般的に」事務を処理するもの（自治法2条③）とされている. 繰り返しになるが, 都道府県は, 広域事務, 連絡調整事務, 補完事務を担うこととされており, 市町村はそれ以外の自治体の事務を担うことが求められており,「補完性の原理」[8]からも身近な行政はできるかぎり市町村が担うことが原則と考えられよう.

　その意味では, 都道府県の役割はできるかぎり広域行政に限定されるべきものである. しかし, その一方で, 日本の基礎的自治体である市町村は, その人口規模において大小さまざまで, その多様性に応じた権限の配分が必要であり, 一律の権限移譲の受け皿として市町村合併を強いるようなことは, 地方自治の本旨から言っても問題である[9]. その意味で, 都道府県は多様な自治体, とくに小規模町村についてさまざまな支援を行うことが想定され, 人口減少社会における基礎自治体支援の役割が期待されるところである.

　一方で, 市町村は, 補完性の原則にもとづいて, 住民の身近な行政を担うことになるが, その最先端にあるのが規模と能力を有する大都市自治体である. 本書の各章において論じられているように, 大都市には政令指定都市や中核市といった大都市特例を制度的に付与されている自治体と特別区という制度が存在し, さまざまな側面で一般市町村とは異なる特徴を有している. 従来の制度設計では, 特別区は「首都」の特例的な措置であり, 大阪府市が自らを「副首都」と位置付けているのは, そうしたことに対する目配りとも考えられるが, 先にも述べたように, それが意味するところは明らかではないし, 日本で最大の人口を有する基礎的自治体が横浜市であることを考えると, なぜ大阪市が副首都となるのかも定かではない[10].

　大阪が副首都になるのかどうかはともかく, 特別区を都の特例的な措置であるとするならば, 大都市としての一般的な法制度は大都市特例をもった自治体であるということになり, それら大都市への権限移譲が重要な課題となる. 都道府県の多様な人口規模をふまえると, 小規模な県以上の人口規模をもつ大都市については, できるかぎり権限を委譲することが地方分権の原則であろう.

　その意味で, 指定都市市長会や中核市市長会が, 繰り返し権限移譲を国や県に求めていることについては, 地方分権の観点から当然のことと考えられる.

（2）広域自治体としての都道府県のあり方

　それでは，大都市自治体が繰り返し都道府県からの権限移譲や自立を求めていることについて，考えてみたい．戦後における都道府県の「完全自治体」化によって，公選の首長をもち，市町村と対等な関係で協力し合うと共に，都道府県住民に対して責任を負う広域自治体政府となったといえる．市川喜崇は，これを「内務省－府県体制の終焉」[11]であるとし，「知事はもはや普通地方行政官庁（国の総合出先機関）ではなくなり都道府県は完全自治体となった」[市川 2012：148]と整理している．

　しかし，その一方で，国－自治体関係において，また，都道府県－市町村関係の間に「機能的集権」が進行したという市川の指摘は重要である．市川は，機能的集権を「個別行政機能別の実施統制手段の増大」であるととらえ，福祉国家化がその要因であることに加え，「増大し，専門分化化した新規の大量の行政を，標準的に，どの地方にもまんべんなく実施させるという実務上の要請がその推進力であった」と述べている[市川 2012：11]．都道府県は，「完全自治体化」されたにも関わらず，「従来知事が処理していた国政事務の少なからぬ部分が各省出先機関によって処理されるようになっても，なお多くの事務が知事の手に残った」ため，「知事が国の地方的事務の執行機関としての役割を喪失したことを意味しなかった」．機関委任事務制度を通じて，都道府県の市町村に対する後見監督は温存された側面があり，国－都道府県－市町村という中央集権的な「上下」関係が継続してきたのである．

　2000 年の分権一括法の施行を山場とする地方分権改革は，こうした機能的集権ともいうべきものが進行し，国と自治体の間に存在している上下主従の関係が存在する状況をあらため，地方自治の確立，分権型の政治・行政体制を構築することをめざしたものである．これが，都道府県－市町村の関係も同様に改革していくことを指向していくことになるのは必然的なところである．このことについて，全国知事会は，分権改革が進行する中，「都道府県は，市町村との関係においては，機関委任事務制度の廃止とともに市町村に対して優越的な地位に立つ存在ではなくなり，文字通り対等・協力の関係にある広域的な地方自治体として，「地域における事務等」のうち，広域事務，連絡調整事務及び補完事務という 3 種類の事務を処理する存在となった」[全国知事会 2001：6]

と整理した．すなわち，広域自治体として上記の事務を担い，市町村との適切
な役割分担によって，地方自治を推進する役割を担うというのである．

　地方自治法の組み立てとしても，市町村が住民に身近な行政を担うことを前
提に，自治体が担う事務の中で，限定的な3つの種類の事務を担うことが都道
府県には求められている．これに対し，指定都市市長会研究会研究会の報告書
[指定都市市長会 2021]は，直接的な言及はなされていないものの，総務省研究会
の指摘を引用して情勢を分析し，都道府県の一層の役割の限定を求めているよ
うに見える．すなわち，総務省研究会が主張する「大都市等を中心とした圏域
内の行政は大都市等による市町村間連携にゆだね，都道府県の補完のほか支援
の手段のない市町村にリソースを重点化する必要がある」[総務省 2018：36]と
の内容をふまえ，大都市自治体が果たす圏域での役割を強調し，特別自治市の
制度化は，「道府県にとっても，大都市圏以外の市町村の補完・支援により一
層注力することができるメリットがある」[指定都市市長会 2021：7]として，特
別自治市の実施にともなう今後の大都市地域における都道府県の役割について
も提言しているのである．

　機能的集権下での都道府県の存在から脱却し，さらに「完全な」自治体とし
ての役割を果たすことが求められていることは，地方分権の推進の観点から，
都道府県，大都市自治体ともに共有しているところであるが，都道府県の存在
意義についての認識については，違いが生まれているのではないか．指定都市
市長会研究会報告書では，特別自治市が都道府県から独立すると主張している
ことからもわかるように，大都市圏域における都道府県の存在意義を認めてい
ないようにみえる．さらには，大都市自治体を中心とした圏域連携を促進する
ことによって，都道府県が行う県域内の自治体間連携・補完機能の縮小にもつ
ながる点をどのように考えればよいのであろうか．

第5節　都道府県と大都市の課題

（1）都道府県域と広域連携
　ここまで述べてきたように，地域の多様な課題に取り組むためには，自治体
が機能的集権から脱却し，補完性の原則に基づいて基礎的自治体である市町村

が地域における行政を主体的・総合的に担う必要がある．また，都道府県は広域自治体として，市町村のそうした役割を補完・支援し，市町村域を越える広域事務を担うものであるが，あわせて県域内の市町村の連絡調整の役割を果たすことが求められている．

　指定都市市長会研究会報告書では，特別自治市は都道府県から独立するものの，近隣市との連携を強め，大都市が果たす役割の強化について論じている．すなわち「現場力を有する特別自治市がその経験を活かし広域にまたがる業務を近隣市町村と連携して実施することで，圏域・地域全体の発展及び活性化につながる」とし，これが「近隣市町村のメリット」につながるとするのである．

　これは，国が進める連携中枢都市圏や定住自立圏といった，ポスト「平成の大合併」以降求められている，自治体間の事務の共同処理の仕組みとして多くの自治体で取り組まれている広域連携の手法をふまえたものといえる．今後，「平成の大合併」のような自治体の広域再編が行われることが困難な状況の中で，自治体が持続可能な体制を構築するものとして注目されるが，これが都道府県が担っている連絡調整事務にとって代わることができるかについては疑問が残る．

　指定都市市長会研究会報告書が言及している「災害救助法制の見直し」[指定都市市長会 2021：8]は，救助実施市制度を設けた点で注目に値する．救助実施市は，一定規模以上の災害で災害救助法が適用された場合，法に基づく救助は都道府県が実施し，市町村はこれを補助することとされていたものが，国が救助実施市を指定し，これを救助の実施主体として被災者の救助を行うことを可能とするものである．現在，政令指定都市のうち，仙台市，さいたま市，横浜市，川崎市，相模原市，名古屋市，京都市，神戸市，岡山市，北九州市，福岡市，熊本市が指定されており，大規模災害時において主体的に住民救助を実施する役割が期待されている．

　しかし，こうした制度をふまえても，なお，都道府県の連絡調整の役割は存在し続ける．救助実施市とその他の近隣市町村，さらには近年の大規模災害の現状をふまえると，県内，県外に関わらず，遠隔地自治体との連携補完も重要になるからである．現行制度では，都道府県が救助実施市と他の自治体との連絡調整を担い，総合的に調整する中で円滑な災害対応が目指されることとなる

が，特別自治市が実現した場合，県域市町村の防災体制を担う都道府県と，特別自治市の連絡調整は国が担うことになるのであろうか．

　連携中枢都市圏や定住自立圏といった広域連携施策においても，県域との関係については十分な整理がされておらず，事務の機能的連携による効率性が強調されがちな状況の中で，自治体の圏域問題についての考察も深化される必要があるだろう．

（2）住民自治と二層制自治の課題

　全国知事会は，先に触れた報告書の中で，「新しい地方自治法の下では，都道府県は，国との関係においては，機関委任事務制度の廃止により国の出先機関的性格を持つ存在ではなくなるとともに，国の役割や関与がより限定されたものとなる中で，従来から実施してきた地方的事務に機関委任事務から移行してきた事務を加えて拡大した「地域における事務等」を，これまで以上に自主的・自立的に処理することができる存在となった」と述べている［全国知事会2001：5］．なぜ，こうしたことが言えるかという原点に立ち戻り，繰り返し述べるならば，都道府県が「完全自治体」となったからである．

　そして，自治体である以上，そこにはもっとも重要な要素として住民が存在するはずである．地方自治の本旨に立ち返るまでもなく，住民を基盤とした上に存在するのが自治制度であり，それは都道府県についても同様である．都道府県が自治体として広域事務，連絡調整事務，補完事務を担うのであれば，それは都道府県住民を前提として実施されるべきもので，「都構想」にしても「特別自治市」にしても，都道府県の現況に変更を加えるものであるならば，都道府県住民の意思を問うべきであり，両者ともにその視点が欠けているようにみえる．そこには，都道府県議会，市町村議会の意思が配慮されるという代議制民主主義の前提があるにしても，あらためて都道府県住民の政治参加，直接参加という論点を整理する必要があると考える．

おわりに

　都道府県と大都市をめぐる論点には，ここで述べてきた以上に多様なものが

あり，本章は全ての論点を網羅した十分な考察となってはいないが，それでも，ここでは，その中で地方分権と自治体圏域，住民自治の観点から，近年の大都市制度改革構想における都道府県−市町村関係について問題提起を行ってきた．大阪における「都構想」は，現行の二層制の地方自治制度を大きく変更させるものではなく，東京都の仕組みにならった改革を試みたものと考えられる．一方，「特別自治市」は，それが都道府県から独立し，その市域において一層制の自治制度を実現するもので，現行制度を大きく変更するものである[13]．その意味では，現行地方制度を，一層制に移行させる自治体区域が生じる特別自治市については，その実現にあたって，都道府県および都道府県民をふまえた考察が求められよう[14]．

　本書においては，ここまで，「都構想」と「特別自治市」といった大都市の制度改革構想を手がかりに，大都市のあり方について検討してきた．地方自治にかかわる制度設計は，市町村住民，都道府県住民いずれにとっても，生活のあり方にかかわる重要な問題である．その意味では，より慎重かつ冷静な議論を通じて問題を解決し，地方自治の実質を強化していく必要がある．自治体における，住民を交えた議論が行われると共に，制度設計について冷静かつ地方自治の研究成果をふまえた構想が必要であろう．

　先にもふれたように，「都構想」と「特別自治市」は，ベクトルを真逆にするものであると同時に，特別自治市が法制化されるとなると，国も「都構想」との関係で大都市制度の設計においてどのような地方自治を構想しているのかがわかりにくくなる．多様な制度設計を示し，自治体に選択肢を与えるのは好ましいことではあるが，その選択肢がどのような思想と方向性の下で提起されているのかについて明らかにする必要があるのではなかろうか．国も，自治制度について，制度設計のベクトルについての考え方を整理し，地方分権の精神をふまえた大都市制度化への調整を図る必要があるだろう．

　いずれにしても，「平成の大合併」で人口規模の大きな大都市自治体が多数生まれ，国土の不均衡な状態が拡大しており，その中で，大都市をどのような制度の下で運用していくのかが問われる事態となっている．本書の各章で提起された課題や論点等についての研究を積み重ね，今後の検討につなげていく必要があるだろう．

注

1）市町村に加え，法令上，特別区も基礎的地方公共団体として位置づけられていること
から，以下，市町村と記述する際には，特別区も含めて論じていることを付記しておき
たい．

2）愛知県は，地方分権改革の進展を受けて，市町村への権限移譲を進める観点から，都
道府県の事務のあり方について検討を行っている［愛知県 2004：19-20］．その中で，県
は補完事務の内容を 2 つに整理し，補完事務に加えて「市町村支援事務」という考え方
を導入している．

3）「都構想」と「特別自治市構想」についての詳細は，第 1 章の森論文を参照されたい．

4）この条文は，大阪市の「府市一元化条例」のものであり，大阪府もこれと同様の条例
を定めている

5）指定都市市長会は，2021 年 11 月 10 日に，「多様な大都市制度実現プロジェクト」最
終報告」をとりまとめ，「二重行政を完全に解消し，効率的かつ機動的な大都市経営を
可能とし，市民サービスの向上はもとより，東京一極集中の是正と圏域の発展，日本の
国際競争力を強化するとともに，その効果を国内に広げ持続可能な自立した地域社会の
実現を図るため，国民的な理解と協力の下，広域自治体の区域外となる特別自治市制度
の法制化を提言」するとした．

6）指定都市市長会［2021:12］において提起されている「特別自治市の法制化案」に基づ
いて記述している．

7）いうまでもなく，地方自治法制定時には「特別市」の規定が存在したが，1956 年に
法改正により削除された経緯がある．現行の政令指定都市制度は，その際に制度化され
たものである．

8）「補完性の原理」は「ヨーロッパ地方自治憲章」で条文化され，国連の「世界地方自
治憲章草案」にも盛り込まれている．日本においては第 27 次地方制度調査会が「今後
の地方自治制度のあり方に関する答申」の中で，「今後の我が国における行政は，国と
地方の役割分担に係る『補完性の原理』の考え方に基づき，『基礎自治体優先の原則』
をこれまで以上に実現していくことが必要である．」と提言し，地方分権改革の基本的
な考え方の 1 つとなっている［第 27 次地制調 2003：2］．

9）大森彌は，「平成の大合併」において提起された総合行政主体について，「市町村を合
規格，規格外に分け，国にとって管理しやすいように粒ぞろいにしていくという集権発
想がひそんでいる」［大森 2018］と論じている．

10）日本においては，東京都を首都として直接定める法令は現存せず，過去に首都建設法
（1950 年法律第 219 号）において「この法律は，東京都を新しく我が平和国家の首都と
して十分にその政治，経済，文化等についての機能を発揮し得るよう計画し，建設する
ことを目的とする」（一条）と定められたのみである．この法律は，首都圏整備法
（1956 年法律第 83 号）の制定によって廃止されたが，同法では，「「首都圏」とは，東
京都の区域及び政令で定めるその周辺の地域を一体とした広域をいう」と定めている．
なお，首都建設法の制定にあたっては，憲法 95 条の規定に基づき，東京都民を対象と

した大規模な住民投票が実施されたことを付記しておきたい.

11) 市川は,「内務省－都道府県体制」を「知事を国の総合的出先機関とし,知事と府県庁高等官に対する人事権を内務大臣が握り,知事が市町村の上級監督官庁として市町村行政を一般的に監督する体制」であると指摘し,占領初期の地方制度の改革によって終焉したと述べている[市川 2012:138].

12) 指定都市市長会研究会の報告書では,総務省がまとめた「自治体戦略 2040 構想研究会第二次報告書(平成 30 年)」を前提に,2040 年頃の社会情勢において行政資源が限られていく中で,「「都道府県は区域内に責任を有する広域自治体として,都道府県の根幹的な役割の一つである補完機能,広域調整機能を発揮し,核となる都市のない地域の市町村の補完・支援に本格的に乗り出すことが必要である.」との分析を引用している[指定都市市長会 2021:7-8].

13) これに対し,第 30 次地方制度調査会は,「一層制の大都市制度である特別市(仮称)について,法人格を有し,公選の長,議会を備えた区を設置して実質的に二層制とすることが必要とまでは言い切れないが,現行の指定都市の区と同様のものを設置することでは不十分であり,少なくとも,過去の特別市制度に公選の区長が存在していたように,何らかの住民代表機能を持つ区が必要である」と指摘している[第 30 次地方制度調査会 2008:15].なお,東京都の特別区協議会は,2005 年に公表した報告書の中で,都の区を廃止して市に移行し,大都市としての一体性を確保するために長と議会を有する「基礎自治体連合」を提起していることは注目に値する[特別区協議会 2005:11-12].

14) 神奈川県の研究会の報告書では,県民にとっての身近な問題として,横浜市が特別自治市になった場合,県庁をはじめとする県民共有の施設が横浜市域外に移転しなければならないという問題点について指摘している.「県庁や警察本部などの県機関は,県民の福祉の増進を図る上で,道府県の自治権が及ぶ道府県の区域内に存在するのが原則である.特別自治市に移行した場合,その区域は道府県の区域外となることから,県庁や警察本部などの県機関及びそれを維持するための県庁舎や警察本部庁舎などの県有施設は,原則,道府県の残存する区域に移転し,市域内施設の特別自治市への移管等を検討していく必要がある.しかし,① 道府県の新たな施設の用地買収や建設等の移転費用,② 特別自治市側の県有施設の移管等取得費用及び債務引き受け額などは相当な額となると思われるが,特別自治市構想はこれらの取扱いや費用等の負担の考え方を明確にしていない」[神奈川県 2021:21].

参考文献

愛知県[2004]「分権時代における県の在り方検討委員会『報告書』」.

市川喜崇[2012]『日本の中央－地方関係』法律文化社.

今村都南雄[2008]「気になる『中間的な取りまとめ』の用語法」『自治総研』352.

大森彌[2018]「市町村を『総合行政主体』として見るのをやめよ」『町村週報』2671.

神奈川県[2021]「特別自治市構想等大都市制度に関する研究会報告書」特別自治市構想等大都市制度に関する研究会.

指定都市市長会[2021]「多様な大都市制度実現プロジェクト最終報告書」.

総務省[2018]「自治体戦略 2040 構想研究会第二次報告書」.

全国知事会[2001]「地方分権下の都道府県の役割──自治制度研究会報告書──」全国知
　事会.

第 30 次地方制度調査会[2008]「大都市制度の改革及び基礎自治体の行政サービス提供体
　制に関する答申」.

第 27 次地方制度調査会[2003]「今後の地方自治制度のあり方に関する答申」地方制度調
　査会.

特別区協議会[2005]「第二次特別区制度調査会報告『都の区』の制度廃止と『基礎自治体
　連合』の構想」特別区制度調査会事務局.

（牛山　久仁彦）

あ と が き

　本書が「大都市制度」を対象として，その歴史，現在の実情と問題点の検討を目的としていることは，タイトルからも明白であろう．では，どのような読者を想定しているかということになると，正直なところ少し曖昧である．執筆者は全て大学で研究に携わっていることから，学術書として研究者に読んでもらうことを念頭に置いている．しかし，研究者だけではなく，広く一般の人々をも対象と考えている．なぜなら，本書の中でたびたび触れているように，大都市制度についての議論や検討が今まさに進みつつあるからである．それどころか，大阪に見られるように住民投票が実施されて住民の意思が問われることすらある状況であるため，多くの人々に大都市制度のあるべき姿を考える際の情報を提供する必要がある．したがって，大都市に住む人や大都市で仕事をする人はもとより，大都市制度に関心のある人全てを読者として想定している側面もある．さらに，大学レベルの教科書や参考図書として使うことも視野に入れている．そのため読者によっては分析が不十分に感じられるかもしれないし，逆に小難しい議論をやり過ぎていると批判されるかもしれない．二兎を追う者は一兎をも得ずの諺どおりになってしまったと反省している．とはいうものの，これだけ大都市制度についての議論が活発化し，実際に制度変革が起こりそうな状況のもとで，地方自治や行政を研究する者が傍観者であってはならないと思うので，とにかく今発表できる研究成果をまとめることには意義があるとの自負もある．

　ところで，「はしがき」で紹介したように本書は同志社大学公共サービス研究センターと明治大学自治体政策経営研究所とによる共同研究を基にしている．もっとも，研究期間のかなりの部分をコロナ禍に見舞われてしまったため，インタビューや実地調査が十分にできなかった．また，研究合宿で夜遅くまで議論をするとか，少しアルコールの勢いを借りて大胆な意見を交わすといった，共同研究の醍醐味ともいえる活動もできなかった．そのような困難や不自由のもとでの共同研究であったが，多くの人々の協力によって何とかまとめること

ができた．とりわけ，コロナ禍にもかかわらず，調査実施にあたってご協力いただいた自治体関係者ならびに大阪公共サービス政策センターのみなさまには，深く感謝申し上げる．また，晃洋書房編集部の丸井清泰さんには，出版企画の段階から色々と相談に乗っていただき，的確なアドバイスを頂戴した．ここに感謝の意を表したい．

執筆者を代表して　真山　達志

索　引

《執筆者紹介》(執筆順, ＊は編著者)

＊真山達志 (まやま たつし) [序　章]
　　奥付参照.

　森　　裕亮 (もり　ひろあき) [第1章]
　　同志社大学大学院総合政策科学研究科博士後期課程修了. 博士 (政策科学). 現在, 青山学院大学法
　　学部教授.
　　主要業績
　　『ローカルガバメント論――地方行政のルネサンス――』(共著), ミネルヴァ書房, 2012年. 『地方
　　政府と自治会間のパートナーシップ形成における課題――「行政委職員制度」がもたらす影響　―』
　　渓水社, 2014年. 『協働と参加――コミュニティづくりのしくみと実践――』(共著), 晃洋書房,
　　2021年.

　三浦正士 (みうら　まさし) [第2章]
　　明治大学大学院政治経済学研究科博士後期課程単位取得退学. 現在, 長野県立大学グローバルマネ
　　ジメント学部専任講師.
　　主要業績
　　『自治体議会の課題と争点』(共著), 芦書房, 2012年. 「大都市における行政区の現状と区長の役
　　割」『政治学論集』43, 2015年. 『自治・分権と地域行政』(共著), 芦書房, 2020年.

　黒石啓太 (くろいし　けいた) [第3章]
　　明治大学大学院政治経済学研究科博士後期課程修了. 博士 (政治学). 現在, 北九州市立大学法学部
　　准教授.
　　主要業績
　　「都市自治体と都道府県の関係性に関する一考察――「全国市長会決議」と「条例による事務処理特
　　例」に注目して――」『都市とガバナンス』34, 2020年. 「島嶼地域における自治と行政」『都市問
　　題』112(7), 2021年.

　三浦哲司 (みうら　さとし) [第4章]
　　同志社大学大学院総合政策科学研究科博士後期課程修了. 博士 (政策科学). 現在, 名古屋市立大学
　　大学院人間文化研究科准教授.
　　主要業績
　　『転換期・名古屋の都市公共政策――リニア到来と大都市の未来像――』(共著), ミネルヴァ書房,
　　2020年. 『自治体内分権と協議会――革新自治体・平成の大合併・コミュニティガバナンス――』
　　東信堂, 2021年.

入 江 容 子 （いりえ　ようこ）**［第 5 章］**

同志社大学大学院総合政策科学研究科博士後期課程修了. 博士（政策科学）. 現在, 同志社大学政策学部教授.

主要業績

『政策実施の理論と実像』（共著）, ミネルヴァ書房, 2016 年.『地方自治入門』（共著）, ミネルヴァ書房, 2020 年.『自治体組織の多元的分析――機構改革をめぐる公共性と多様性の模索――』晃洋書房, 2020 年.

山 岸 絵美理 （やまぎし　えみり）**［第 6 章］**

明治大学大学院政治経済学研究科博士後期課程修了. 博士（政治学）. 現在, 大月市立大月短期大学経済科准教授.

主要業績

『国家と社会の政治・行政学』（共著）, 芦書房, 2013 年.『自治・分権と地域行政』（共著）, 芦書房, 2020 年.

藤 井 誠一郎 （ふじい　せいいちろう）**［第 7 章］**

同志社大学大学院総合政策科学研究科博士後期課程修了. 博士（政策科学）. 現在, 大東文化大学法学部准教授.

主要業績

『住民参加の現場と理論――鞆の浦, 景観の未来――』公人社, 2013 年.『ごみ収集という仕事――清掃車に乗って考えた地方自治――』コモンズ, 2018 年.『ごみ収集とまちづくり――清掃の現場から考える地方自治――』朝日新聞出版社, 2021 年.

高 橋 幸 子 （たかはし　さちこ）**［第 8 章］**

明治大学大学院政治経済学研究科博士後期課程単位取得退学. 現在, 目白大学看護学部看護学科准教授.

主要業績

「看護師不足に対する政策――政策の変遷から見えてくるもの――」『政治学研究論集』（明治大学）, 35, 2011 年.「2009 年新型インフルエンザ（A/H1N1）対策に関する政策課題とその展望――ワクチン対応に着目して――」『政治学研究論集』（明治大学）, 38, 2013 年.

＊牛 山 久仁彦 （うしやま　くにひこ）**［終　章］**

奥付参照.

《編著者紹介》

真山 達志 (まやま たつし)

中央大学大学院法学研究科博士後期課程単取得退学. 現在, 同志社大学政策学部教授.

主要業績

『政策形成の本質——現代自治体の政策形成能力——』成文堂, 2001 年.『スポーツ政策論』(共編著), 成文堂, 2011 年.『ローカル・ガバメント論——地方行政のルネサンス——』(編著), ミネルヴァ書房, 2012 年.『政策実施の理論と実像』(編著), ミネルヴァ書房, 2016 年.『公共政策の中のスポーツ』(共編著), 晃洋書房, 2021 年.

牛山 久仁彦 (うしやま くにひこ)

明治大学大学院政治経済学研究科博士後期課程単位取得退学. 現在, 明治大学政治経済学部地域行政学科長・教授.

主要業績

『広域行政と自治体経営』(共編著), ぎょうせい, 2003 年.『分権時代の地方自治』(共編著), 三省堂, 2007 年.『自治体議会の課題と争点』(共編著), 芦書房, 2012 年.『地方自治——変化と未来——』(共著), 法律文化社, 2018 年.『自治・分権と地域行政』(共編著), 芦書房, 2021 年.

大都市制度の構想と課題
——地方自治と大都市制度改革——

2022年 6 月30日 初版第 1 刷発行   ＊定価はカバーに表示してあります

編著者 真 山 達 志
      牛 山 久 仁 彦 ©

発行者 萩 原 淳 平

印刷者 藤 森 英 夫

発行所 株式会社 晃 洋 書 房

〒615-0026 京都市右京区西院北矢掛町 7 番地
電話 075 (312) 0788番(代)
振替口座 01040-6-32280

装丁 クリエイティブ・コンセプト 印刷・製本 亜細亜印刷㈱
ISBN978-4-7710-3631-4

金川 幸司・後 房雄・森 裕亮・洪 性旭 編著

協　働　と　参　加
——コミュニティづくりのしくみと実践——

A 5 判 254頁
本体3,080円（税込）

丸山 武志 著

地域資源としての自治体外部登用人材
——地域の成長と自治体外部登用人材の役割・リーダーシップ——

A 5 判 192頁
本体2,860円（税込）

角谷 嘉則 著

まちづくりのコーディネーション
——日本の商業と中心市街地活性化法制——

A 5 判 238頁
本体3,080円（税込）

白井 信雄・大和田 順子・奥山 睦 編著

SDGs を活かす地域づくり
——あるべき姿とコーディネイターの役割——

A 5 判 194頁
本体2,200円（税込）

切通 堅太郎・西藤 真一・野村 実・野村 宗訓 著

モビリティと地方創生
——次世代の交通ネットワーク形成に向けて——

A 5 判 256頁
本体3,080円（税込）

足立 基浩 著

新型コロナとまちづくり
——リスク管理型エリアマネジメント戦略——

A 5 判 160頁
本体2,090円（税込）

杉山 友城 編著

新しい〈地方〉を創る
——未来への戦略——

A 5 判 246頁
本体2,750円（税込）

日本体育・スポーツ政策学会 監修/真山達志・成瀬和弥 編著

スポーツ政策　1
公共政策の中のスポーツ

A 5 判 204頁
本体2,200円（税込）

晃　洋　書　房